NOTICE
SUR LES BAINS,

SUIVIE DU PROSPECTUS

DES NOUVEAUX BAINS
DE BORDEAUX;

Par J. MOULINIÉ,

MEMBRE CORRESPONDANT DE L'ACADÉMIE ROYALE DE MÉDECINE DE PARIS, EX-CHEF INTERNE DE L'HÔPITAL ST. ANDRÉ DE BORDEAUX.

Si fore vis sanus ablue sæpè.....
ÉCOLE DE SALERNE.

BORDEAUX.

IMPRIMERIE DE BROSSIER, MARCHAND DE PAPIERS, RUE ROYALE, N.º 13.

ANNÉE M. DCCC. XXVI.

L'empressement avec lequel la Notice et le Prospectus des Bains ont été rédigés et imprimés, afin que leur distribution pût coïncider avec l'ouverture de l'établissement, est cause de diverses fautes qu'on y rencontre. N'ayant pas le temps de les rectifier dans un errata, nous réclamons l'indulgence des lecteurs.

1.er Août 1826.

(*Note de l'Auteur.*)

TABLE ANALYTIQUE

DES MATIÈRES.

ANNONCE.

Les nouveaux Bains de Bordeaux sont des monumens érigés, à la fois, pour l'utilité des citoyens et pour l'embellissement de la ville; ils sont dignes d'exciter l'admiration générale, et d'honorer les hommes que leur amour pour l'exécution des grands projets a déterminé à faire construire ces beaux édifices.

De tels établissemens eussent été bien incomplets, si toutes les variétés de bains et les choses qui s'y rapportent n'y eussent été réunies. Aussi, tout a été prévu, de manière que les diverses ressources qui y sont relatives pussent s'y trouver.

MM. Balguerie, Exshaw et Wustenberg, administrateurs de ces bains, m'ayant fait l'honneur de m'admettre à concourir à leur organisation ; j'ai cru convenable de signaler, dans une notice exprès, chaque genre de bains, les pratiques qui leur sont accessoires, et les cas qui en exigent l'emploi.

On me pardonnera, je pense, d'être entré dans quelques digressions physiologiques ; elles

2

étaient indispensables pour expliquer les phénomènes qu'opèrent les bains sur l'organisme,
en modifiant les propriétés qui nous régissent,
d'où dérive notre existence. D'ailleurs les temps
sont passés où les hommes restaient volontiers
dans l'ignorance de leur propre organisation et
des fonctions qui s'opéraient en eux, et se sou-
mettaient à l'aveugle, aux traitemens que né-
cessitaient leurs maux.

Les savans ne verront dans cet opuscule que
des sujets ébauchés, superficiellement traités, et
souvent n'y reconnaîtront pas le langage scien-
tifique ; c'est parce qu'étant destiné à la géné-
ralité de la société, j'ai cherché d'une part à
ce qu'il fut intelligible, et d'une autre à éviter
qu'il fut prolixe et fastidieux.

J'aurai rempli mon but si cette notice offre
quelques notions utiles, si elle pénètre de l'importance des bains les personnes qui ont besoin
d'y avoir recours, et si elle obtient un accueil
favorable des hommes éclairés et recommandables qui m'ont accordé une honorable confiance, en voulant bien permettre que je leur fisse
part du résultat de mon expérience et de mes
recherches.

NOTICE

SUR LES BAINS.

Si fore vis sanus ablue sœpè.....
École de Salerne.

CONSIDÉRATIONS PRÉLIMINAIRES.

Les Bains sont les ressources les plus naturelles qu'offrent l'hygiène pour la conservation de la santé et la thérapeutique pour la guérison des maladies. Aussi dans l'antiquité la plus reculée ils ont été en usage parmi les hommes. Les Grecs et les Romains érigeaient des édifices magnifiques destinés aux bains. Les sources thermales étaient dédiées à Hercule, comme pour exprimer leur influence sur la force ; Minerve était une déesse tutélaire des bains.

Un coup d'œil sur la nature fait apercevoir leur utilité. Les animaux, par un heureux in-

stinct, aiment à se plonger dans l'eau; ils y trouvent ou du délassement ou du plaisir ou des remèdes à leurs maux. Les végétaux qui languis-
sent dans un sol aride, ou qui sont flétris par
un atmosphère trop sèche, semblent reprendre
une vie nouvelle, s'ils sont imprégnés d'une pluie
salutaire ou d'une douce rosée.

Le bain est une chose vraiment naturelle,
dit un physiologiste célèbre : « Tous les qua-
drupèdes se baignent; tous les oiseaux se plongent fréquemment dans l'eau ; je ne parle pas
de ceux dont ce fluide est pour ainsi dire l'é-
lément. C'est une loi imposée à toutes les espèces dont la peau rejette beaucoup de substances au dehors. Toutes les races humaines
observées jusqu'ici se plongent fréquemment
dans les fleuves, les rivières ou les lacs le long
desquels elles font leur séjour. Les pays que
beaucoup d'eau arrose sont ceux que les animaux habitent fréquemment; ils fuient ceux
où ce fluide manque, ou même il n'est qu'en
quantité suffisante pour leurs besoins. Nous
dénaturons tout dans la société : dans la nôtre,
des classes nombreuses n'usent presque jamais
de bains : aussi cherchez surtout dans ces classes là les maladies cutanées. »

*I'ay veu par occasion de mes voyages, quasi
touts les bains fameux de la chrestienté*, dit Mi-

chel de Montaigne, *et depuis quelques annees ay-commencé à m'en servir ; car, en general, i'estime le baigner salubre, et crois que nous encourons non legieres incommodités en nostre santé pour avoir perdu cette coustume, qui estoit generalement observee au temps passe, quasi en toutes les nations, et est encore en plusieurs, de se laver le corps tous les iours : et ne puis pas imaginer que nous ne vaillons beaucoup moins, de tenir ainsi nos membres encroustez, et nos pores estoupez de crasse.*

Pour opérer la guérison des maladies, les médicamens sont dirigés vers deux points principaux de l'économie animale ; savoir : sur la surface extérieure du corps et dans les organes de la digestion. Or, l'intention principale que se propose le médecin, dans l'administration des remèdes, est de modifier l'état actuel des propriétés vitales dont le type naturel perverti constitue la maladie : pour parvenir à ce but il agit ou sur la sensibilité de la peau, ou sur celle de la membrane muqueuse des organes digestifs, et par une voie ou par l'autre il produit, parfois également, l'effet qu'il cherche à obtenir.

De tous les modificateurs de l'état de la peau le bain est celui qui a les vertus les plus variées ; il tempère la sensibilité générale ou l'exalte se-

lon qu'on le désire ; il opère une révulsion favorable ou une répulsion nécessaire, en produisant des effets excentriques ou concentri-
ques, il est peu de maladies contre lesquelles
il ne puisse être une ressource précieuse ; il
remplace à lui seul une foule de médicamens,
tandis que, dans bien des cas, aucuns médicamens ne peuvent le remplacer.

Ainsi, on appaise également les convulsions,
les spasmes avec des bains ou des remèdes nommés anti-spasmodiques ; on calme les douleurs
diverses comme à l'aide des narcotiques ; on appaise les inflammations comme avec les saignées ;
on combat les fièvres comme à l'aide des fébri-
fuges ; mais on guérit avec eux seuls une série
de maladies cutanées, contre lesquelles on em-
ploierait en vain toutes sortes de médicamens.

Ce n'est pas toujours sans inconvénient que
l'on dirige des remèdes sur les membranes muqueuses de l'estomac et des intestins ; ils produisent parfois des irritations et d'autres effets
locaux très préjudiciables, pendant que la peau
offre une voie aussi innocente que commode
pour remplir les mêmes vues médicatrices.

Pour faire concevoir le mode d'action des
bains, il convient d'offrir une exposition générale des caractères anatomiques et des fonctions de l'organe cutané. Si j'entre dans des

détails peu intéressans pour bien des personnes, c'est à cause de la nécessité de donner
des notions sur celui de nos systèmes organiques qui reçoit l'impression la plus directe des
bains ; car les substances qui les composent
opèrent sur lui un contact médiat.

CONSIDÉRATIONS

Anatomiques et physiologiques sur la peau.

Tout le corps est enveloppé d'une membrane, limite sensitive de l'être, sentinelle vigilante qui, recevant les impressions des agens extérieurs, les transmet à divers organes, et les avertit de ce qui leur est agréable, utile ou nuisible. Elle constitue l'un des organes des sens et le plus étendu de tous. Elle a été considérée comme le miroir du corps, parce qu'elle réfléchit les sensations qu'elle éprouve de dehors en dedans, et que, dans un sens inverse, elle reçoit des impressions provenant des phénomènes qui se passent à l'intérieur de l'individu. Aussi le coloris de la peau, sa pâleur, son poli, sa rudesse, sa rigidité, sa souplesse, servent-ils à faire reconnaître l'état d'intégrité des organes, le jeu libre et bien coordonné des fonctions d'où résulte la santé, ou bien celui de leurs lésions, de leurs altérations qui constituent les maladies.

La peau a donc pour attributs de former l'enveloppe de l'homme, et d'être un organe sensible qui le protège en l'avertissant de ce qui

peut lui nuire , et lui transmet la connaissance des choses qui lui sont favorables. En
outre , elle est destinée à l'exécution de deux
fonctions très essentielles , d'où dérivent divers
phénomènes qui exercent une grande influence
sur la santé ou les maladies. L'une de ces fonctions , est l'*exalation* ; l'autre est l'*absorption.*

Les artères , après leurs divisions et subdi-
visions infinies , par un des ordres de termi-
naison du système capillaire , s'ouvrent à la surface de la peau , sous le nom de vaisseaux exalans. Ces vaisseaux sont destinés à charrier à
l'extérieur de l'individu les choses superflues ou
nuisibles à l'économie animale , pendant que
certains organes , tels que les reins , remplissent
dans d'autres lieux un office analogue. Mais
c'est surtout par la voie de la peau que cette
épuration s'opère ; tantôt ce n'est qu'une *transpiration* à peine sensible ; tantôt c'est une exalation abondante qu'on nomme *sueur.* On est
étonné de sa quantité prodigieuse , lorsqu'on
considère le résultat obtenu par des physiciens
célèbres, tels que Sanctorius, Keil, Rye, qui
ont cherché à l'évaluer.

Des vaisseaux capillaires inverses à ces premiers, qu'on nomme absorbans ou lymphatiques, naissent de tous les points de la peau où
ils ont leurs orifices béans que l'œil ne peut

3

apercevoir à cause de leur ténuité, mais que les expériences font reconnaître. Ces vaisseaux, rampant ensuite à la face interne de la peau, s'anastomosant les uns les autres, forment bientôt des rameaux susceptibles d'être vus; et grossissant de nouveau par d'autres filets additionnels, ils cheminent vers de plus gros troncs, et se rendent dans les ganglions lymphatiques pour parvenir au canal thoracique, et s'aboucher, par son intermède, avec le système veineux.

L'office des vaisseaux absorbans est d'aspirer, des milieux où l'homme se trouve placé, des choses utiles ou nuisibles, et de les transmettre dans le torrent de la circulation sanguine. On sait que lorsqu'on est plongé dans l'eau ou dans une atmosphère humide, les vaisseaux lymphatiques absorbent d'une manière active, et que bientôt après l'urine devient limpide et abondante. Si l'on applique à la surface de la peau des substances médicamenteuses, délétères ou autres, les vaisseaux lymphatiques entrant en action, bientôt tout le corps en est imprégné, et des conséquences diverses résultent de cette absorption.

L'exalation et l'absorption, fonctions essentielles à l'existence, s'opèrent au travers de la peau; leur libre exécution tient naturellement

à l'état d'intégrité de ce tissu ; ses diverses altérations y mettent un obstacle d'où dérivent
bien des phénomènes morbides. Cependant,
sans un état de maladie réel, ces fonctions peuvent mal s'opérer, lorsque la peau est encroû-
tée de matières qui la salissent, et bouchent
les pores des absorbans et des exalans. Cela
peut résulter aussi de l'amas d'une matière
huileuse, ou sébacée concrète, que l'on fait
sortir par la compression sous forme miliaire
ou vermiculaire, provenant d'une multitude
de cryptes muqueux, dont l'organe cutané se
trouve abondamment garni, et qui le rend,
chez quelques individus, notamment chez les
nègres, luisant et odorant. Sans le secours des
bains et autres moyens hygiéniques, cette substance s'accumule, et bouchant les orifices des
pores, devient un empêchement à la liberté de
l'exalation et de l'absorption.

§. Iᵉʳ. La peau n'est point un tissu homogène ;
mais elle est formée par une superposition de divers systèmes organiques, qui ont chacun leur
caractère spécial et leur utilité physiologique. La
couche la plus superficielle de l'organe cutané
se nomme *épiderme*; c'est une membrane demi-
transparente, d'une épaisseur variable dans les
différentes régions, recouvrant immédiatement
les parties sensibles de la peau, destinée à re-

cevoir les impressions directes des corps et à émousser les sensations qui agiraient trop vivement sur elle.

Divers phénomènes détruisent les adhérences de l'épiderme avec les parties soujacentes, et le rendent plus visible. L'action du feu, les vésicatoires, les macérations prolongées, certaines maladies cutanées soulèvent cette membrane. Alors on peut voir son organisation. Son épaisseur est naturellement plus considérable à la paume des mains et à la plante des pieds que partout ailleurs. La nature a disposé d'avance une couche insensible, plus forte aux parties qui devaient être le plus en rapport avec la rudesse des corps extérieurs : tandis qu'elle a déployé une pellicule d'une finesse extrême sur celles qui sont placées de manière à en être à l'abri. Partout l'épiderme est parsemé de plis, de rides, de sillons, qui sont une conséquence des mouvemens imprimés à la peau; il est percé comme un crible par les orifices des vaisseaux exalans et absorbans, et pour la sortie du système pileux, avec lequel il se confond.

De tous les tissus de l'économie animale, l'épiderme paraît être le plus faiblement organisé. Ses analogues, qui sont les poils et les ongles, offrent vers leur implantation quelques traces d'organisation que certaines maladies rendent plus sensibles; telles que la plique polonaise, qui rend, dit-on, les cheveux perméables au sang. Mais l'épiderme semble rester toujours inorganique, même dans l'éléphantiasis, variété de lèpre, où son épaisseur est si considérablement augmentée, qu'elle fait établir de la ressemblance entre ce tissu et la peau de l'éléphant, abstraction faite de ce qui tient à la dégénérescence du tissu cellulaire.

Les tissus sensiblement organisés ne se régénèrent point ; il n'en est pas ainsi de l'épiderme qui se soulève, se sépare et se renouvelle sans cesse. Cette faculté de reproduction dont il jouit explique diverses métamorphoses de la peau chez l'homme et les animaux, et indique la nécessité des bains pour favoriser la séparation des squammes épidermiques.

§. II. Au-dessous de cette membrane protectrice est placé un enduit que l'on nomme *corps muqueux* ou *réticulaire,* parce qu'il paraît formé d'un lacis de vaisseaux extrêmement déliés, qui renferment une substance particulière. Chez l'homme, ni les travaux anatomiques, ni les phénomènes physiologiques ne donnent la possibilité de recueillir cette substance ; on l'admet par analogie, sans l'apercevoir réellement. Il n'en est pas de même dans quelques animaux, comme les *castors,* les *dauphins,* où elle forme une couche épaisse qui permet d'en juger la nature.

C'est à cet enduit muqueux qu'est due la couleur de la peau, qui varie, comme on sait, dans les diverses races humaines. Cette substance est susceptible de se colorer, par une sorte de carbonisation résultante de l'action des rayons solaires, comme le prouve l'habitation dans les climats chauds. Le calorique y produit des effets analogues ; les *éphelides ignées*, sortes de tâches, qui surviennent aux jambes des personnes qui les exposent trop à un feu ardent, en sont un exemple.

§. III. Au milieu du *corps muqueux* et sous lui, est placée une autre partie constituante de la peau, qu'on nomme *tissu papillaire*. Il consiste en une infinité de petits tubercules saillans, érectiles et doués d'une sensibilité exquise, qui résultent manifestement des extrémités épanouies des nerfs.

C'est dans ce tissu que siége la faculté tactile de la peau : aussi les papilles sont-elles plus multipliées dans les parties qui exercent plus particulièrement le toucher, comme à la pulpe des doigts ; mais comme la faculté de juger de la température, du poli, ou de la rudesse des corps est répandue sur tous les points de l'organe cutané, partout il y existe des tubercules papillaires. Ces corps sensibles recevant les diverses impressions de ce qui est en contact avec la peau, les transmettent dans l'intérieur de l'économie, et font ainsi ressentir des impressions agréables ou pénibles.

§. IV. La peau est encore composée d'un tissu dense, épais, résistant, élastique, qu'on appelle *derme* ou *corion ;* c'est ce qui forme sa partie essentielle, sur laquelle les autres sont superposées: comme sur la sclérotique, membrane résistante de l'œil, se trouvent placés, d'abord, des tissus qui ralentissent l'incidence des rayons lumineux : la conjonctive et la cornée, comparables à l'épiderme ; les humeurs de l'œil et la choroïde, qui correspondent au corps muqueux ; et la rétine, membrane sensible, analogue au tissu papillaire, qui reçoit les impressions d'où résulte la vision.

Le corion n'offre point de fibres linéaires visibles ; mais un feutre inextricable, résultant d'une division infinie de vaisseaux sanguins et de nerfs, dans une trame dense de tissu cellulaire, qui contient une grande quantité de gélatine. Ainsi formé, on conçoit qu'il doit jouir d'un haut degré de vitalité. Aussi son exquise sensibilité le rend très sujet aux inflammations et à toutes les dégénérescences qui en dérivent.

Tandis que la peau de tous les animaux est revêtue de certains tissus qui la protègent

comme les poils, les plumes, les écailles, celle
de l'homme est presqu'absolument denudée
partout; ce qui la rend infiniment impression-
nable. Il résulte de cette disposition, que constamment cette limite sensible est en butte avec
ce qui l'environne.

§. V. L'atmosphère où l'homme se trouve
placé, les corps solides ou liquides avec lesquels
il est en contact, agissant d'abord sur le tissu
cutané, influent secondairement sur divers organes. On connaît les nombreuses sympathies qui
unissent la peau avec le reste de l'individu:
l'impression du froid sur ce tissu produit des
réactions sur les membranes séreuses, muqueuses, d'où résultent les pleurésies, les catharres; le chatouillement provoque la con-
traction des divers muscles, notamment du
diaphragme, et un rire spasmodique a lieu;
de douces frictions, le massage, rendent plus
libres les fonctions des poumons et du cœur,
et font éprouver un bien être général; le contact de choses qui plaisent ou déplaisent, produisent sur le système nerveux une sensation dé-
licieuse ou une impression pénible; mille phénomènes prouvent les connexions sympathiques
de la peau. Aussi, les médecins, pour l'entretien de la santé et le traitement des maladies,
se servent-ils du système cutané comme d'une

voie favorable pour opérer des résultats hygièniques ou térapeutiques; il leur suffit pour
cela d'exalter, de diminuer, de modifier sa
sensibilité et sa contractilité.

EFFETS GÉNÉRAUX DES BAINS.

Le mode d'action des Bains varie depuis un simple moyen de propreté, jusqu'à une puissante ressource thérapeutique.

§. I.er On donne le nom de *Bain de propreté* à celui par lequel on se propose d'opérer un simple lavage ; il est ordinairement d'une courte durée, et consiste dans une ablution, une affusion ou une immersion. Ce genre de bain offre de précieux avantages : en enlevant les substances qui salissent la peau, il prévient les irritations et les accidens qui les accompagnent, et en déterminant une sensation agréable sur ce tissu, il imprime un bien être général ; aussi les lotions fréquentes sont elles regardées comme de puissans moyens hygiéniques : certains peuples les ont mises au rang de leurs cérémonies religieuses.

Lorsque l'immersion est long-temps prolongée, le bain produit des phénomènes particuculiers, lors même que sa température est peu élevée. Les parties les plus superficielles de la peau, pénétrées d'humidité, se gonflent, se rident ; les squammes, les lamelles épidermiques se soulèvent en partie. Il en résulte que les rugosités de la peau étant ramollies ; la surface de cet organe devient plus douce, plus polie; en même temps les cryptes sébacés expriment les matières concrètes qu'ils renferment, ou du moins, macérés dans le liquide, leurs orifices s'entr'ouvrent, et de légers frottemens déterminent ensuite l'expulsion de l'humeur qu'ils contiennent.

C'est lorsque la peau est atteinte de certaines phlegmasies, que l'on voit manifestement s'opérer les effets que je viens d'indiquer. Quand, par exemple, il existe des dartres furfuracées, squammeuses, crustacées, etc., alors on peut remarquer aisément le soulèvement des lames de l'épiderme et la séparation d'humeurs concrètes résultant d'une exsudation vicieuse. Le bain dépouille la peau de ce qui l'encroûte et l'irrite; et l'on ne tarde pas à reconnaître les bienfaits d'une immersion prolongée.

§. II. Au lieu d'un moyen de propreté, le bain est quelquefois un *objet d'agrément*. Sans parler de ces bains luxueux, usités chez certains peuples, il est digne de remarque que les bains ordinaires sont très propres à procurer d'agréables impressions.

Le bain produit des sensations d'autant plus vives qu'on n'en fait pas un fréquent usage. Un doux frissonnement se fait sentir à la surface de la peau et se répète dans toute l'éco-

nomie; un spasme périphérique se manifeste;
la contractilité du tissu cutané est mise en
jeu; ses papilles nerveuses s'érigent; le système pileux éprouve un phénomène analogue,
la surface du corps devient, comme on le
dit, chair de poule; la sensibilité de la peau
ressent un charme particulier, qui par sympa-
thie est reparti dans toute l'économie animale;
les organes des sens acquièrent plus de finesse;
les facultés intellectuelles semblent s'exercer
avec plus d'énergie; la respiration devient plus
libre; un appétit plus vif est l'indice de l'influence favorable qui réjaillit sur les organes
de la digestion; l'homme est en tout plus dispos; il a une conscience plus intime de son
existence et de tous les phénomènes vitaux qui
s'opèrent dans son organisme.

§. III. Le bain est quelquefois un *moyen
très efficace de délassement.* Le milieu liquide
dans lequel le corps se trouve alors placé, le
soutient dans tous les sens et l'empêche d'être
livré à son poids, pendant qu'obéissant aux
lois de la pesanteur, il comprime les corps
sur lesquels il est couché, et devient parfois à
charge à lui-même. Cela s'observe principalement dans les maladies qui nécessitent un long
séjour au lit : les malades souffrent de la fatigue que leur cause le poids de leur corps;

mais bientôt, ils ressentent un délassement dé-
licieux s'ils sont placés dans un bain. On connaît les effets qui résultent de la marche long-
temps prolongée, et des exercices pénibles et
forcés : un sentiment de douleur existe dans
les muscles, les tendons, les cartilages et les
autres organes locomoteurs ; une irritation vive,
même une inflammation, peuvent en résulter :
rien dans ces cas ne procure de délassement
comme le bain. Tous ceux qui ont médité sur
les grands principes de l'hygiène, dit le savant
professeur Aliber, savent combien les bains
sont propres pour remédier aux effets des fatigues ; et l'on connait l'emblême de Minerve,
qui fit jaillir un bain chaud du sein de la terre
pour délasser Hercule.

§. IV. Nous éprouvons deux sensations opposées, également pénibles à supporter lorsque leur
intensité est trop active ; et qui résultent de la
variation que peut éprouver la chaleur animale.
Bien que notre température ordinaire soit de
32° th. R., si la peau, qui a rarement ce degré de chaleur, l'acquiert accidentellement et
la conserve un certain temps, ou bien si notre
sang est trop raréfié par l'effet de la chaleur
de l'atmosphère dans laquelle nous sommes
placés, nous ressentons un sentiment de chaleur désagréable, qui nous plonge bientôt dans

une prostration de forces ; tandis qu'au contraire si la température atmosphérique est trop basse, descend à zéro ou au-dessous, d'une part, il s'opère une soustraction du calorique à la surface de notre être, d'une autre, le sang refoulé vers les gros troncs vasculaires, délaisse le système capillaire, alors nous éprouvons un phénomène opposé, non moins douloureux, qu'on appelle le froid. Les sensations de chaud et de froid sont parfois illusoires, relatives à nos habitudes, aux transitions que nous pouvons opérer, aux phénomènes morbides qui se passent en nous ; car il arrive qu'on ressent un froid très vif, avec horripilation, dans certains accès de fièvres, pendant que la chaleur animale n'a pas diminué, et semble au contraire être plus élevée.

Dans tous ces cas et dans bien d'autres semblables, on obtient, à la faveur du bain, le *rétablissement du degré de température convenable et habituel.* Ainsi, dans les chaleurs brûlantes de l'été et les ardeurs que développent les maladies inflammatoires, on appaise le sentiment pénible que l'on éprouve, par l'immersion dans l'eau à une basse température ; et dans ces circonstances où le corps semble glacé partiellement ou en totalité, pour rappeler la chaleur dans les organes, aucun moyen n'est plus effi-

eace qu'un bain chaud : il stimule légèrement
la peau et le système capillaire ; le sang y afflue
et avec lui le calorique concentré dans l'intérieur de l'économie animale.

C'est par irréflexion et par préjugé qu'on
répugne à prendre des bains dans les temps
froids, et que l'on hésite même de recourir à
cette précieuse ressource lorsque les prescrip-
tions des médecins en font un devoir. Dans
aucune saison le bain, à une température convenable, n'est plus utile que dans les temps
froids, parce qu'alors la circulation capillaire et
l'exalation cutanée ne s'opèrent pas librement.
Si le bain frais est essentiel l'été pour appaiser
la chaleur animale ; le bain chaud ne l'est pas
moins l'hiver pour l'accroître.

Les anciens peuples, plus éclairés que nous
sur les bienfaits des bains, en faisaient un usage
habituel. On voit dans les auteurs qui ont décrit les mœurs de la Grèce, qu'à Athènes le
peuple se réfugiait, surtout dans l'hiver, dans
les bains publics ; chaque particulier en avait
dans sa maison, et on se mettait au bain après
la promenade, ou, le plus souvent, après le
repas.

§. V. Le bain est un puissant *modificateur des
propriétés vitales.* Comme les maladies consistent
spécialement dans une lésion de ces propriétés,

le bain exerce contre ces premières une action
marquée. Quelle est l'affection pathologique où
il n'y ait ou une augmentation, ou une diminution, ou une aberration des propriétés vitales ? Que ce soit une lésion physique qui ait
précédé ; que ce soit une altération organique
qui soit survenue consécutivement ; que ce soit
une maladie aigue dont tous les symptômes
aient apparus spontanément, dans tous ces cas,
la sensibilité et la contractilité éprouvent un
dérangement quelconque ; et pour obtenir la
guérison, tout consiste à ramener les propriétés vitales à leur type naturel.

Qu'une irritation vive existe sur la surface
de la peau ; qu'une douleur aigue soit ressentie
dans le parenchyme de quelqu'un de nos tissus ; soit qu'une inflammation s'y développe ;
soit que le système nerveux éprouve une exal-
tation de la faculté qui lui est inhérente : si un
bain est administré, bientôt les sensations douloureuses s'appaisent ou se dissipent. Que les
muscles exécutent des mouvemens désordon-
nés, automatiques, de manière à produire des
spasmes, des convulsions et les variétés de maladies qui s'y rattachent, pendant que tous les
autres remèdes sont inefficaces, le bain produit bientôt le calme désiré, et les mouvemens
cessent de s'exercer hors de l'empire de la vo-

lonté. Si, par un effet inverse, une partie de l'économie vivante a perdu une certaine dose de la sensibilité qui lui est naturellement dévolue; que cette propriété soit émoussée, ou qu'elle soit même éteinte, comme on le voit dans la stupeur, la paralysie: le bain, préparé à une température convenable, produit une dérivation salutaire, les papilles nerveuses s'érigent; il semble que ce que l'on appelle le fluide nerveux, circule plus librement dans les cordons conducteurs de la sensibilité, les parties indolentes, insensibles, se réveillent de la léthargie dans laquelle elles étaient plongées, et la mort partielle qui semblait les avoir frappées à jamais, fait place à une vie nouvelle.

Lorsqu'encore la motilité des organes semble éteinte, anéantie; que les muscles sont inhabiles à remplir les fonctions auxquelles il sont destinés; qu'ils dépérissent, s'atrophient faute d'exécuter le jeu nécessaire à leur nutrition; ou bien, lorsque certains organes s'engorgent, se développent d'une manière vicieuse, parce que leur contractilité organique étant diminuée et comme nulle, les fluides qui y aboutissent les engorgent, et y donnent lieu à des altérations organiques; dans tous ces cas, le bain devient encore d'un secours énergique: administré sous certaines formes, il produit un

ébranlement dans le parenchyme le plus pro-
fond des tissus : des douces commotions agissant sur les fibres les plus ténues, les excite au
mouvement, et y suscite un léger effort de con-
traction; les parois des vaisseaux trop dilatées,
réagissent graduellement sur les fluides qui les
distendent outre mesure. C'est dans le système
capillaire que ces phénomènes ont principalement lieu. Il résulte de tout cela que, d'une
part, les muscles atrophiés, paralysés, repren-
nent insensiblement leur tonicité naturelle, et
qu'enfin ils exécutent les mouvemens qui sont
leurs attributs. Les organes, les tissus, accidentellement et vicieusement développés, revien-
nent graduellement à leur volume naturel, et
peuvent enfin remplir les fonctions auxquelles
ils sont destinés. D'une part, une contractilité
volontaire du domaine de la volonté qui était
éteinte, se ranime; d'une autre part, c'est une
contractilité organique, souvent insensible,
mais indispensable à l'intégrité des organes et
au jeu de leur fonction qui se rétablit.

Entre ces deux effets inverses que produisent les bains, dont l'un consiste à appaiser les
propriétés vitales exaltées, l'autre à les exciter
lorsqu'elles sont affaiblies, il en est qui sont
intermédiaires, et qui agissent sur des aberra-
tions, des anomalies de ces propriétés qui, ré-

parties d'une manière irrégulière dans divers
organes, y causent des sensations insolites, et
troublant l'ordre naturel de leur fonction, donnent lieu à des variétés nombreuses de phénomènes pathologiques.

§. VI, Quelle est l'*influence des bains sur les
forces ?*

On croit trop généralement que les bains
chauds affaiblissent le corps humain, et que
les bains froids le fortifient : tout est relatif à
l'état de santé ou de maladie, à la constitution,
à la disposition actuelle de l'individu, à la
température atmosphérique, à la durée de l'immersion.

Le bain chaud dilate les vaisseaux en raréfiant le liquide qu'ils contiennent. Tous les
tissus de l'économie animale en sont plus imprégnés ; les muscles se ramollissent et un abattement des forces en résulte. Un trop fort degré de chaleur produit une congestion sanguine dans le poumon, le cerveau, et détermine
l'asphixie et l'apoplexie : D'après cela, le bain
chaud doit être considéré comme *débilitant*.
Mais, si un individu est affaibli par des fatigues trop long-temps soutenues, une absti-
nence forcée, le séjour dans une atmosphère
froide et humide, une maladie chronique : le
bain chaud active d'abord la circulation capillaire, puis la circulation générale, tous les or-

ganes éprouvent une excitation favorable , le
jeu de leur fonction s'exécute mieux , et les
forces vitales engourdies se réveillent ; dans ce
cas , le bain est réellement tonique et parcon-
séquent *fortifiant*.

Lorsqu'un individu a éprouvé une sensation
trop vive de chaleur ; que les tissus sont excessivement injectés de sang ; qu'il s'opère à la
surface de la peau une exalation perspiratoire,
habituelle et abondante , ou qu'il survient des
hémorragies passives , le bain froid fait réagir
les tissus sur eux-mêmes ; leur contractilité organique est mise en jeu ; la circulation sanguine ralentie devient plus active ; les exalations diminuent d'intensité , et ce bain est alors
éminemment *fortifiant*. Qu'au contraire, on se
trouve placé dans des circonstances inverses par
l'effet des maladies , de l'âge avancé , d'une
constitution débile ; le bain froid ralentit la
circulation , refoule le sang vers les gros troncs
vasculaires , la peau et d'autres tissus pâlissent
par l'absence de liquide , et une *prostration des
forces* survient de manière à produire la lypo-
thymie.

Les bains tièdes sont ordinairement forti-
fians, pourvu, toutefois, qu'ils ne soient pas
pris d'une manière abusive. On peut dire, en
règle générale, que les bains, qu'elle que soit

leur température, sont également toniques et
débilitans, selon les âges, les circonstances différentes pour lesquelles on y a recours ; mais
que toutes choses égales d'ailleurs, ils affaiblissent toujours lorsque la durée de l'immersion
est trop prolongée.

§. VII. Il est des cas dans lesquels on se propose, dans l'emploi du bain, d'agir moins sur les
propriétés vitales, dont le type n'est pas sensiblement perverti, que sur les *humeurs,* c'est-
à-dire, sur *les fluides* qui, abondant en trop
grande quantité sur certaines parties, y produisent des congestions, et, par suite, des irritations et des inflammations. Pour rappeler
ces humeurs et les détourner des organes sur
lesquels s'opère la fluxion, le bain est très efficace, si toutefois sa température est élevée à
un degré convenable ; dans ce cas, on l'administre partiellement, et sur les points de l'économie animale les plus éloignés du siége de
la congestion ; c'est pour cela que les pédi-
luves, les bains de siége sont d'un usage si habituel. Il arrive que d'abord la peau rougit par
l'appel du sang ; le système capillaire s'injecte,
et une exalation sanguine s'opère même quelquefois sur quelques membranes muqueuses :
cela détourne d'autant les liquides qui pèsent
par leur surabondance sur certains organes,

et bientôt les symptômes morbides s'appaisent ou s'évanouissent.

Mais, par un effet inverse, une action directement opposée est produite à l'aide du bain, lorsque les liquides essentiels à notre conservation, abandonnant les vaisseaux, affluent, d'une manière fâcheuse, vers le tissu capillaire cutané, ou celui de certaines membranes muqueuses, ce qui détermine ou des sueurs pernicieuses par leur quantité considérable, ou des exalations sanguines qui plongeraient bientôt les malades dans un état adynamique. Le bain, à une basse température, refoule, dans ces cas, les liquides qui fluxionnaient le système capillaire, les force à rentrer dans les gros vaisseaux, à les parcourir. L'habitude qu'avaient les humeurs à se porter vers certains organes, cède à l'usage soutenu des bains repercussifs.

Au lieu de rappeler les liquides d'un lieu vers un autre, et de rétablir l'équilibre momentanément rompu, lorsqu'il y a à la fois, dans toute l'économie animale, une surabondance d'humeurs, soit que les vaisseaux contiennent trop de sang, soit que les vésicules cellulaires soient trop remplies d'huile animale, comme dans l'obésité, ou qu'enfin les tissus et les organes soient trop distendus de fluides divers, on

peut opérer par le bain une déplétion générale
en provocant une exalation abondante.

C'est par la voie de la peau que cette exalation doit s'exécuter. On sait que son organisation est disposée de manière à favoriser ce
phénomène. Pour y parvenir, le corps tout
entier, la tête même, doit être placé dans le
bain qui, dans ce cas, consiste dans une vapeur aqueuse. Cependant, à l'aide du bain liquide, chauffé à une température assez élevée,
on peut obtenir le même résultat.

Le calorique appelle le sang dans les vaisseaux capillaires; ils se laissent distendre par
l'abord de liquide; bientôt les conduits exalans
qui en proviennent entr'ouvrent leurs orifices;
et une sueur abondante ruisselle à la surface
du corps. Il s'opère ainsi une perte considérable d'humeurs, et si ce bain est souvent répété, l'embonpoint et le poids du corps diminuent, l'on devient plus dispos, plus agile, car
c'est aux dépens de la graisse et d'autres humeurs, que s'opèrent les exalations qui ont
lieu à la surface de la peau.

Si le bain détermine une *exalation* favorable, il sert à opérer dans d'autres cas une *absorption* utile; l'homme peut être en proie à
une vive ardeur qui le dessèche, et tend à
nuire à son existence; tous ses organes sont

quelquefois privés d'une quantité suffisante de fluides pour leur donner la souplesse nécessaire à leurs mouvemens; tous les tissus semblent souffrir du manque des humeurs qui doivent les arroser; les organes digestifs se refusent à élaborer les alimens, et cette voie naturelle pour opérer la nutrition, n'est plus que d'un faible secours. Dans ce cas, le bain devient une ressource précieuse : les vaisseaux absorbans, qui ont leurs orifices béans à la surface de la peau, aspirent les liquides dans lesquels le corps est plongé. Est-ce de l'eau, du lait, d'autres liquides, tout est absorbé en certaine quantité; tout circule dans les branches et les troncs des vaisseaux lymphatiques; l'appareil de la circulation du sang reçoit ces liquides comme s'ils eussent pris, par les vaisseaux lactés, dans les organes de la digestion, et coulant avec le sang, ils vont, dans un temps très court arroser tous les organes, imprégner tous les tissus, tempérer leur ardeur, remédier à leur sécheresse, faire cesser le sentiment douloureux qui existait, et en définitive opérer la nutrition.

§. VIII. Le bain sert à remplir un but bien différent de tous ceux dont il vient d'être question, lorsqu'il est pris dans l'intention de favoriser le *déploiement des forces* musculaires et les

grands mouvemens généraux. Les anciens peuples, notamment les grecs, les rangaient parmi
les exercices propres à développer les forces
physiques, qui étaient chez eux l'un des attributs honorables de l'homme ; aussi les bains
faisaient partie des gymnases, ou leur étaient
accessoires. Aucun ordre de mouvemens n'est
plus propre, en effet, à mettre simultanément
en jeu tous les organes locomoteurs, que la
natation. Loin de peser sur le sol par son poids,
en obéissant aux lois de la gravitation, le corps
est placé dans un milieu d'une certaine densité,
ou de légers mouvemens suffisent pour le sou-
tenir. Mais pour résister à l'atmosphère liquide,
pour la parcourir en divers sens, il faut, pour
la déplacer, des efforts soutenus de la part de
tous les muscles qui sont sous la dépendance
de la volonté ; il n'en est presque aucun qui
demeure passif : aussi la lassitude qui résulte-
rait d'une action partielle étant généralement
répartie, n'est que peu ressentie. D'ailleurs,
pendant que dans la plupart des exercices pé_
nibles une forte réaction donne lieu à une abondante sueur qui affaiblit, la température de l'eau
dans laquelle on se livre à la natation, étant bien
au-dessous de celle de l'atmosphère, et la compression qu'exerce ce liquide sur le corps, deviennent des obstacles à l'exalation cutanée ;

6

aussi, il s'opère une concentration et une conservation des forces, qui rendent infiniment
précieux le genre de gymnastique auquel le
bain permet de se livrer.

DES VARIÉTÉS DE BAINS.

Pour obtenir un résultat heureux de l'usage des bains , en hygiène ou en thérapeutique , il est essentiel de faire le choix de celui dont la nature convient, de déterminer sa durée , de régler les précautions préalables à remplir ; et celles qu'il est utile d'observer au sortir du bain. C'est de l'exécution de toutes ces choses que dépendent les grands avantages qu'on peut en retirer.

Combien de préjugés enracinés ne s'opposent-ils point encore à cette précieuse ressource , médicatrice dans une infinité de maladies ? comme diverses phlegmasies de la peau , les rhumatismes , la goutte , les fièvres , etc. , tandis qu'il n'est aucun moyen plus efficace pour opérer une diminution des accidens ou une guérison réelle. Il est vrai que les succès qu'on en retire, tiennent surtout au mode, à l'espèce de bain , ce moyen pouvant être avantageux ou nuisible , selon qu'il est administré sous telle forme ou telle autre , dans des circonstances opportunes ou intempestives.

Comme il est essentiel d'approprier chaque espèce de bain à la maladie qui la nécessite, et comme il existe peu d'affections où cette ressource ne soit applicable, il n'appartient qu'à

un médecin expérimenté de régler tout ce qui
convient à cet égard.

Il semble qu'on n'a connu pendant long-
temps en France qu'une seule espèce de bain;
et même encore, bien des gens pensent que
se baigner est exclusivement se placer dans
l'eau pendant un certain temps tandis que ce
n'est là qu'un genre de bain, convenable seulement dans quelques cas, inutile ou nuisible
dans beaucoup d'autres, où il importe de donner à d'autres variétés une juste préférence.

Tous les milieux solides, liquides, gazeux
ou autres dans lesquels le corps peut se trouver placé, servent à constituer des bains. L'Arénation (bain de sable) d'une part, l'électrisation d'une autre part, servent à montrer les
deux extrêmes sous le rapport de la densité des
corps. La glace et la neige, une étuve ardente
et les rayons solaires (insolation), peuvent
donner l'idée des degrés différens de température des bains. C'est entre ces extrêmes que
le choix doit être fait, selon l'état de santé ou
de maladie, les âges, les saisons, les circonstances diverses pour lesquelles on y a recours.

Cependant, ce n'est pas exclusivement en se
plaçant dans une atmosphère liquide, en vapeur ou autre, qu'on prend les bains, mais
encore en y exposant seulement, d'une manière

quelconque, ou tout le corps ou l'une de ses
parties. Or, les douches, les affusions sont des
bains réels. Dans l'antiquité, le bain ne consis-
tait souvent qu'à arroser le corps avec de l'eau,
et à l'oindre d'une huile parfumée. On en
voit un exemple dans la manière dont Ulysse
raconte s'être baigné dans le palais magique
de Circé. Une nymphe, dit-il, apporta de
l'eau, alluma le feu et disposa tout pour le
bain; j'y entrai quand tout fut prêt : on versa
l'eau chaude sur ma tête, sur mes épaules, on
me parfuma d'essences exquises, et lorsque je
ne me ressentis plus de tant de peines et de
maux que j'avais souffert, on me couvrit d'une
belle tunique et d'un magnifique manteau.

§. I.ᵉʳ BAINS D'EAU COMMUNE.

C'est avec l'eau de rivière, de fontaine ou
de puits qu'on prend les bains ordinaires, qu'on
nomme domestiques lorsqu'ils sont préparés
dans les maisons. Il n'est pas indifférent de se
servir indistinctement, pour ces bains, de toutes sortes d'eaux. De même que toutes ne sont
pas également agréables au goût, également
propres à la coction des alimens, elles ne sont
pas indistinctement convenables pour les bains,
à cause de certaines substances chimiques
qu'elles recèlent qui les rend plus ou moins

âcres. C'est surtout lorsqu'il existe une irritation quelconque à la surface du corps qu'il
convient d'en déterminer le choix.

Les expériences faites par MM. Lartigue et
Billaudel, dont le rapport fut présenté à l'Académie des sciences, prouve que l'eau de la Garonne contient une faible quantité d'acide carbonique, du sulfate et du muriate de chaux,
du sulfate et du muriate de baryte, et des car-
bonates de chaux et de baryte. Mais l'analyse
leur a fait reconnaître que les eaux des fontai_
nes et des puits de Bordeaux contiennent toutes une bien plus grande quantité de ces substances. M. Lartigue a bien voulu me convaincre
de ces faits. Ce savant chimiste m'a démontré,
à l'aide de certains réactifs, combien la masse
de précipité des eaux des fontaines et des puits
l'emportait sur celle de l'eau de rivière. On
doit conclure de ces expériences que, puisque
l'eau de la Garonne contient moins de sels que
celles qui peuvent être puisées à d'autres sources à Bordeaux, elle mérite une juste préférence pour l'usage des bains.

Il est trois ordres généraux de température
qui constituent trois sortes de bains, et qui les
font nommer *froids*, *tièdes* ou *chauds*. Il n'est
pas indifférent de faire indistinctement usage
de l'une ou l'autre de ces espèces; car cha-

cune a un mode d'action particulier, et produit, par conséquent, des effets qui lui sont
propres.

A. *Bain froid.* On le nomme ainsi lorsque l'eau
est au-dessous de 15ᵈ th. R. ; il diffère dans
son mode d'action selon que l'eau est courante,
ou bien selon qu'elle est dormante ou puisée.
C'est dans les ruisseaux et les rivières que l'on
prend le plus ordinairement les bains d'eau
courante ; ils agissent en vertu de la température de ce liquide et de sa force de progres-
sion. Quel que soit le degré de température,
il reste toujours le même tout le temps de
l'immersion, parce que les colonnes de liquide
se succédant sans cesse, s'emparent constamment de la chaleur animale. L'action qu'imprime à l'eau son cours rapide, ajoute encore
à ses effets réfrigérens un ébranlement qui se
transmet à tous les organes.

Si l'on se livre dans ce bain à l'exercice de
la natation, il produit une réaction de la chaleur, qui contrebalance l'impression du froid,
et atténue ses effets actifs, ce qui, dans quelques cas est utile et dans d'autres désavanta-
geux, et met un empêchement formel au but
qu'on cherche à atteindre. Il convient mieux
alors d'avoir recours au bain d'eau dormante ;
bien qu'on puisse le prendre dans des lacs ou

certains réservoirs, c'est par préférence dans des baignoires que l'on se place, lorsque surtout on a l'intention de remédier à quelque maladie.

Le bain froid est considéré comme un puissant moyen thérapeutique dans certains cas pathologiques. Giannini, Currie de Liverpool, et d'autres praticiens, ont signalé les grands avantages qu'on en retire dans le traitement des fièvres ; tous les médecins y ont fréquemment recours pour obtenir la guérison de diverses maladies. Qu'une hémorragie soit active, soit passive, ait lieu sur une surface muqueuse, l'immersion dans l'eau froide la suspend, pendant qu'on emploie en vain d'autres moyens pour l'arrêter. Que des désordres se manifestent dans le système musculaire, tels que des tremblemens, la danse de St. Guy, c'est encore au bain froid que l'on recourt avec succès. On sait de quels avantages sont ces bains en chirurgie, pour faciliter l'absorption des liquides épanchés et prévenir de grandes inflammations ; pour faire dissiper certaines tumeurs, lorsqu'il semble indispensable de pratiquer une opération sanglante ; pour appaiser des douleurs atroces qui résultent des violences qu'ont éprouvées certaines parties. Il est une infinité de maladies qui cèdent comme par enchantement à l'usage bien coordonné du bain froid.

в. *Bain tiède.* De 15 à 25 degrés de température th. de R. , le bain est appelé tiède. C'est celui qui est le plus généralement en usage pour remplir les vues hygièniques relatives à la propreté du corps, au délàssement nécessaire après une longue fatigue. On ressent en y entrant le *spasmus periphericus,* doux frissonnement qui s'étend à toute la surface de la peau et qui se réfléchit dans l'intérieur de l'économie , d'où résulte un sentiment de bien-être général. Dans les temps les plus antiques , on a reconnu les salutaires effets des bains tièdes. Homère représente fréquemment ses héros recourant à leurs bienfaits. Andromaque avait ordonné à ses femmes de poser une grande urne sur les flammes, pendant qu'Hector combattait avec Achille, pour que le bain fut préparé dès qu'il reviendrait du combat.

Le bain tiède, non seulement est utile comme ressource hygiènique, mais encore, en térapeutique, il modifie sensiblement les propriétés vitales. Dans une série d'affections où il existe un état spasmodique de rigidité, de coarctation des tissus, il opère une détente, un relâchement on ne peut plus favorables, et les douleurs les plus vives se calment ou se dissipent. On voit souvent, par ses effets salutaires, les convulsions s'appaiser, les accidens d'une her-

7

nie étranglée s'évanouir, une rétention d'urine cesser d'exister, et par conséquent de graves opérations chirurgicales environnées d'écueils, devenir superflues. Mais c'est surtout dans cette nombreuse famille de maladies qui ont leur siége sur le système cutané, les inflammations, les éruptions diverses, que l'on retire des avantages signalés des bains tempérés.

c. *Bain chaud*. C'est celui dont la température est au-dessus de 25^d th. de R. On l'éléve assez communément à 32^d, qui est celui de la chaleur humaine; cependant on l'augmente encore de quelques degrés pour prendre un bain très chaud, ce qui est quelquefois utile et souvent dangereux; car à peine y est-on placé : « que les vaisseaux se gonflent, le sang se raréfie, on éprouve bientôt un sentiment pénible, la face devient rouge et gonflée, les yeux étincelent, le pouls, d'abord plein et fréquent, devient de plus en plus accéléré et irrégulier, la respiration est difficile, précipitée, la peau se couvre de sueur, une soif brulante dessèche le gosier, bientôt les artères du cou et des tempes battent avec violence, il y a des palpitations de cœur, une opression très forte, et si on ne se hâte de sortir du bain, les vertiges, les étourdissemens, les syncopes, la paralysie et même la mort pourraient s'en suivre. »

Quel que soit effrayant ce tableau des accidens que peuvent produire les bains chauds,
ils ne sont nullement à redouter lorsqu'on y
a recours avec prudence ; il est des cas dans
lesquels ils deviennent très salutaires : ceux où
il importe de ranimer les propriétés vitales ab-
battues, dans ces anxiétés qui sont le résultat
du poids des années, ces douleurs mixtes nerveuses, mixtes rhumatismales, vagues anomales
et se faisant ressentir sur presque tout le corps ;
dans ces cas encore où l'on voit que la peau
est sèche, rude au toucher par le défaut d'une
transpiration suffisante, quand il existe un sentiment pénible de froid accompagné de roideur
dans les articulations et de difficultés dans les
mouvemens, dans toutes ces circonstances et
une multitude d'autres, les bains chauds opèrent d'heureux effets : la sensibilité de la peau
est excitée, les fluides y affluent, la chaleur
s'y rétablit, un écoulement de sueur a lieu,
les douleurs intérieures se calment, les mouvemens généraux et particuliers s'exécutent plus
librement, et un bien-être marqué se fait bientôt ressentir dans toute l'économie.

§. II. BAINS MINÉRAUX.

Un coup-d'œil observateur des phénomènes
physiologiques qui s'opèrent dans l'homme,

fait juger des vertus des bains minéraux. L'eau
tient en dissolution des substances médicamenteuses qui ont des propriétés remarquables ; les
suçoirs absorbans dont tous les points de la
peau sont garnis, aspirent dans le bain ces
principes salutaires, et par la voie de la circulation lymphatique, puis de la circulation
sanguine toute l'économie animale en est bientôt imprégnée, tandis qu'on ne pourrait introduire, par l'appareil de la digestion, qu'une
assez médiocre quantité d'eau minérale, au
risque même d'y causer de l'irritation, d'occa-
sioner un dégoût insurmontable, et sans pouvoir néanmoins remplir le but désiré.

Si certaines maladies internes cèdent évi-
demment à l'usage des bains minéraux, c'est
principalement dans les affections externes que
l'on reconnaît leur action énergique. Il est une
multitude de maladies chroniques du système
cutané pour lesquelles on peut considérer les
bains minéraux comme des spécifiques ; ces
éruptions miliaires, qui consistent dans la présence d'un insecte nommé *acarus, sarcopte de la
gale,* guérissent par le seul emploi de ces bains.
Il en est ainsi fréquemment des dartres et d'autres affections qui exercent spécialement leur
influence sur la peau.

Quoique toute l'économie animale puisse

être infectée du vice morbifique, dont les principaux symptômes s'observent à la peau, dans beaucoup de cas, l'affection est purement locale, il suffit alors de pervertir l'état actuel, pour parvenir à la guérison. Les eaux minérales remplissent efficacement cet objet ; elles procurent une légère excitation qui modifie les propriétés vitales de la peau, les furfures les squammes, les croûtes, etc. dont elle est recouverte, se détachent, son mode naturel de vitalité se rétablit, et la guérison survient consécutivement.

Cependant les eaux minérales agissent encore d'une autre manière, par leur contact avec l'organe cutané, en vertu des sympathies qui existent entre la peau et les différens organes, et de la force absorbante dont elle est douée. Il semble que ce tissu sensible, qu'on pourrait considérer comme un filtre vivant, épure les principes médicamenteux que renferme l'eau, et laisse parvenir seulement les plus subtils dans notre économie, pendant que de plus grossiers pourraient s'y introduire, si cette eau était absorbée dans les organes digestifs.

Les chimistes reconnaissent quatre espèces générales d'eaux minérales, froides ou thermales, qu'ils nomment *hydro-sulfureuses, acidules-gazeuzes, ferrugineuses* et *salines.* Chaque espèce offre une infinité de variétés, selon

les diverses sources, qui n'ont pas toutes une
égale célébrité, et ne sont pas également convenables pour les bains. Il importe que le médecin détermine le choix de celle qui convient
à la maladie qui en nécessite l'emploi. Je re-
grette que les bornes d'une notice ne me per-
mettent pas d'entrer, à cet égard, dans des détails utiles.

Les résultats merveilleux obtenus de la fré-
quentation des sources d'eau minérale qui jail-
lissent du sein de la terre, ont excité les chimistes à rechercher les principes médicamenteux
qu'elles recèlent ; étant parvenus, par l'analyse,
à cette précieuse découverte, il est devenu
possible d'imiter la nature, en formant, par
les procédés de l'art, des eaux factices. L'expérience a confirmé ce que le raisonnement
tendait à faire admettre, et les maladies ont
été traitées efficacement par les eaux minérales
artificielles.

En outre, les eaux naturelles ne renfermant
qu'une certaine dose de substances vraiment
médicamenteuses, on a pu rendre les eaux
factices plus énergiques que ces premières, en
augmentant la dose de ces substances. Ce fait
est constaté par les heureux résultats obtenus
dans le traitement de certaines maladies. Le
docteur Aliber dit avoir vu ces eaux triompher
dans les rhumatismes chroniques, des indivi-

dus impotans qui ne se soutenaient qu'avec
des béquilles, ayant recouvré par leur usage
les libres mouvemens de leurs membres. MM.
Dupuytren et Jadelot, avec une eau minérale
où entrait un excès d'hydro-sulfure de potasse,
sont parvenus à guérir promptement des gales
rebelles.

Les avantages obtenus de l'usage des eaux
minérales factices, ont engagé à élever différens établissemens pour leur fabrication et leur
administration en bain ou de toute autre manière. MM. Tryaire et Jurine eurent des premiers l'heureuse idée de former un pareil établissement à Paris. Ils ont, dit le professeur
Aliber, contribué à élever un monument de
gloire à la chimie. Mais ensuite des chimistes
du plus haut talent se sont efforcés de perfec-
tionner les eaux minérales factices. Au lieu de
se borner à fabriquer celles qui sont employées
pour les bains, ils ont pénétré la nature intime
de celles que la nature offre pour boisson, et
en ont fait d'aussi salutaires. Rendons un juste
tribut d'éloges à ces chimistes habiles, à ces
pharmaciens recommandables qui ont formé
entre eux une société aussi éclairée qu'utile,
où chacun s'empresse à appliquer le résultat de
ses méditations et de ses recherches pour la
confection des eaux minérales. *MM. Planche,
Boulay, Boudet, Pelletier, Cadet de Gassi-*

court, dont les noms seuls inspirent la considé
ration, ont formé de concert un superbe établissement, exclusivement destiné à la fabrication des eaux minérales factices. Les procédés
ingénieux qu'ils emploient leur ont fait porter
au dernier point de perfection cette branche
des travaux chimiques. On doit faire usage,
avec une confiance absolue, des eaux minérales qui proviennent de leur établissement, de
quelque manière qu'on veuille les employer.

Bain d'eau de mer. Parmi les eaux minérales salines, propres aux bains, je signalerai
l'eau de mer, parce que c'est celle qui est le
plus abondamment répandue dans la nature,
et que son usage peut être ausi commode qu'il
est utile. Cette eau renferme des principes chimiques qui lui donnent des propriétés remarquables dans certaines affections. L'analyse y
a fait reconnaître du muriate de soude, du
muriate de magnésie, du sulfate de chaux, du
sulfate de magnésie, une certaine proportion
d'acide carbonique, et une grande quantité de
substance extractive. Cette substance, qui paraît devoir son origine au nombre infini de
plantes et d'animaux privés de la vie qui sont
en dissolution dans la mer, est regardée par
Bergmann comme la cause du dégoût nidoreux
et nauséabonde qu'offre l'eau de mer, surtout
lorsqu'on l'a prise à la surface.

Les bains d'eau de mer sont de puissans
stimulans de l'organe cutané : en opérant sur
ce tissu une vive révulsion , ils produisent de
grands phénomènes thérapeutiques ; c'est pour
cela qu'ils sont préconisés pour tant de maladies différentes entre elles. C'est quelquefois
dans les affections aigues, telles que les névralgies, les rhumatismes, les spasmes, qu'on en a
retiré des avantages. D'autrefois, c'est dans les
lésions chroniques de certains organes , tels que
des engorgemens, des dégénérescences du foie,
de la rate, des poumons, de l'utérus, des ovaires, etc. Dans d'autres circonstances, ces bains
ont opéré la guérison de certaines affections
de la peau, telles que des dartres , des teignes,
des lèpres. D'où vient que , dans tant de cas
disparates et dans bien d'autres, le même remède a pu être également favorable? C'est parce
que l'eau de la mer est un modificateur énergique des propriétés vitales ; et que, comme
je l'ai souvent dit, pour opérer la guérison des
maladies, il ne faut que modifier ces propriétés. En excitant la peau, cette eau déplace les
irritations existantes sur les organes intérieurs ;
et dans les maladies de ce tissu lui-même, elle
agit en changeant le type de ses propriétés vitales. Il résulte, dans tous les cas, de cette perver-
sion, un nouvel ordre de choses qui procure la

8

guérison. On conçoit, d'après cela, que les bains d'eau de mer doivent être une précieuse ressource en thérapeutique.

Il semble que des obstacles formels se présentent pour pouvoir recourir aux bains de mer dans tous les cas qui les nécessitent, parce que l'on s'imagine, par l'effet de l'habitude, qu'il ne convient de prendre ces bains qu'à la mer même, et qu'il faille nécessairement attendre une saison favorable pour cela. Mais on ne peut temporiser avec le mal, et l'on est privé d'un remède salutaire, si l'on ne recherche les moyens de pouvoir l'administrer dans tous les temps. En outre les malades éprouvent des empêchemens réels à se transporter aux bords de la mer, soit à cause de leur état valétudinaire, soit à cause de leur situation sociale, et ils se voient obligés de renoncer à une précieuse ressource thérapeutique. Toutes ces difficultés s'applanissent lorsque l'empire de la raison vient remplacer celui de l'habitude. Si l'on réfléchit que les bains de mer sont réellement utiles à cause de la nature du liquide, mais qu'ils sont souvent nuisibles à cause de leur basse température quand ils sont pris à la mer; que dans quelques cas seulement, à cause d'une saison favorable, de l'état de la santé, etc., il est permis à un petit nombre d'individus de s'y transporter,

on sentira que de même que l'on prend des
bains d'autres eaux minérales dans son domi-
cile, ou dans des établissemens publics, on doit
également y prendre ceux d'eau de mer. Cet
usage est actuellement établi dans les bains publics de la capitale. Cette pratique était anciennement usitée chez les Romains.

Puisqu'il est reconnu que ces bains sont très-
essentiels en médecine, on en retirera de bien
plus fréquens avantages, en en faisant un emploi familier, et en donnant à l'eau un degré
convenable de température, selon la saison,
l'âge des malades et la nature de leurs affections.

§. III. BAIN D'ÉTUVE.

L'invention des bains d'étuve remonte aux
temps fabuleux. Médée, magicienne fameuse,
passait pour avoir la vertu de rajeunir les vieil-
lards, et de rendre robustes et vigoureux les
corps les plus délicats et les plus efféminés ; elle
se servait, pour cela, des bains d'étuve ; et pour
ne pas instruire les médecins, elle fit long-temps
un secret de sa méthode.

Les *Romains* qui ont porté au plus haut degré la magnificence des établissemens destinés
aux bains y avaient des salles réservées pour
ceux d'étuve. L'une était le *calidarium laconi-
cum* ou étuve sèche ; l'autre était le *tepidarium*

ou étuve humide. Elles étaient placées au-dessus d'un four voûté, nommé *hypocaustum* ; des
gradins étaient élevés en amphithéâtre pour que
l'on puisse s'y placer commodément ; il y avait,
tout au tour, des niches propres à recevoir les
malades. Au sortir de l'étuve on se plongeait
dans un vase rempli d'eau, nommé *océanum*, ou
dans la *piscina natalis*. Des esclaves, nommés *unctores*, *olearii*, oignaient tout le corps d'huile ou
d'onguens parfumés ; d'autres, nommés *fricatores*, le raclaient pour en enlever les malpropretés avec une sorte de couteau courbe nommé
Strigil.

L'invasion des états romains a entraîné la
destruction des édifices consacrés aux bains,
et l'une des espèces les plus utiles a été ense-
velie dans l'oubli. Cependant, tandis que, dans
le berceau de son origine ce moyen précieux
semblait condamné à une proscription éternelle,
dans les contrées les plus septentrionales de
de l'Europe et les plus méridionales de l'Asie
on la voyait replacée au rang qu'elle méritait
d'occuper.

Les bains d'étuve sont principalement en
usage en *Russie* et en *Finlande*; mais au lieu
du luxe des bains romains, il y règne la plus
grande simplicité. Des chambres de bois servent
à la fois d'étuve sèche et d'étuve humide. Il y

a au milieu un vaste fourneau de fonte de fer, sur lequel on fait rougir des cailloux. Pendant cette première opération la chambre est fortement chauffée ; un grand nombre d'individus y entre à la fois ; souvent les sexes y sont confondus. Le corps est ainsi placé dans une atmosphère ardente. Lorsque la température est assez élevée , on fait tomber de l'eau sur les cailloux ; elle entre en vapeur , et aussitôt la chambre en est remplie : cela constitue l'étuve humide. Tout le corps entre bientôt en sueur, après être resté un certain espace de temps dans cet état, on se fait frapper avec des verges de bouleau, on s'en fait frotter le corps pour augmenter la rougeur, et l'on sort de l'étuve pour se rouler dans la neige ou se plonger dans l'eau glaciale. En passant devant les villages, dit mon ami le docteur Faure , dans ses *souvenirs du nord,* on voit sortir de ces lieux de purification des gens tout rouges, qui viennent devant la porte respirer le frais ou se rouler dans la neige pour rentrer aussitôt.

Les *Turcs* et les *Egyptiens* ont des bains analogues à ceux des Romains et des Russes ; mais ils sont plus propres à flatter les sens : on se deshabille dans une rotonde élégamment ornée , et après s'être chaussé avec des sandales de bois, on parcourt des corridors chauffés à des

degrés différens, qui conduisent dans les salles
des bains. La vapeur provient d'une fontaine
jaillissante d'eau en ébullition ; des parfums
suaves y sont mêlés ou brûlés dans la salle du
bain ; on se couche ensuite sur un tapis, la
tête mollement appuyée sur un oreiller. Bientôt des esclaves viennent pratiquer le massage ;
ils frottent doucement toutes les parties du
corps avec leurs mains ou certains tissus pour
en enlever les malpropretés ; ils font fléchir
les articulations et les font craquer avec un
art particulier, couvrent le corps de parfums
et de cosmétiques divers, et servent ensuite la
pipe, les sorbets ou le moka. Les Egyptiennes
aiment passionément ces bains, et y passent
une partie de la journée dans un état de bien-
être.

Les bains d'étuve, si avantageux et si agréa ·
bles, d'une origine antique et d'un usage habituel chez la plupart des peuples modernes,
étaient presqu'absolument inconnus des Français jusqu'à l'époque de l'invasion de la France
par les armées du nord de l'Europe. Les phy-
siologistes en ont alors signalé les avantages,
l'expérience médicale en a reconnu les effets
merveilleux, et la thérapeutique s'est emparée
de cette précieuse ressource médicatrice.

Par une philantropie bien digne d'éloges, les

administrateurs des hospices publics de Paris
ont fait construire des étuves pour y admettre
gratuitement tous les individus qui voudraient
y avoir recours, tandis que des vues spécula-
tives en faisaient établir un grand nombre d'autres, pour que les riches pussent avec agrément
jouir des bienfaits de ce genre de bain.

L'étuve de l'hôpital St. Louis est vraiment
remarquable parmi celles qui sont destinées
aux indigens. Un grand nombre d'individus y
sont reçus à la fois; les uns s'assoient sur des
gradins de pierre recouvertes de nattes de jonc;
d'autres apportés sur des brancards y restent
couchés, et sont placés à certaines hauteurs. Un
appareil, en forme de poële, laisse parvenir la
vapeur dans l'étuve par une multitude de trous,
et tous les malades sont plongés dans une atmosphère humide et aromatisée.

Parmi les étuves qui existent dans les bains
publics, je me plairai à signaler celle des bains
d'Enghien : cet établissement admirable par sa
situation, par sa richesse, par son élégance,
renferme une étuve digne de fixer l'attention
à cause de sa belle construction, et les dispo-
sitions que l'on y a faites pour l'avantage que
l'on veut en retirer. Il ne peut y avoir d'établissement de bains complet sans une salle d'étuve :
l'expérience médicale confirme constamment

les résultats merveilleux que l'on obtient de ce genre de bain.

Effets particuliers du bain d'étuve. Le corps étant placé dans une atmosphère très chaude qui constitue l'étuve sèche ; l'action du calorique se passe d'abord sur la peau ; elle rougit par l'abord du fluide sanguin dans le système capillaire ; et si la température est fortement élevée, il s'opère sur certaines membranes des exhalations sanguines ; la circulation du sang devient très active, et ce fluide raréfié par le calorique, distend les vaisseaux qui le contiennent.

Mais lorsque de l'eau en vapeur parvient dans le lieu chauffé à une telle température, l'étuve de sèche devient humide. La surface du corps est alors humectée par la vapeur aqueuse ; elle se ramollit, s'assouplit, ses cryptes sébacés s'entr'ouvrent, expriment les matières qu'ils renferment ; les orifices des vaisseaux exhalans laissent exsuder à la surface de la peau, une quantité considérable de sueur.

On conçoit qu'il résulte de l'action du bain d'étuve, que d'abord la circulation du sang est accélérée, puis ce fluide se porte du centre vers la circonférence, et la perspiration cutanée qui s'opère, désemplit le torrent circulatoire de toute la quantité de sueur qui s'écoule. Ainsi, là où la lenteur de la circulation occasionnait

une obstruction ou un engorgement, un dégorgement doit s'opérer, et toute l'économie
animale se trouve allégie à cause des pertes qui
s'opèrent par la voie de l'exalation cutanée.

Il semble, de prime abord, que l'on doit
craindre que le bain d'étuve en raréfiant le
sang dans les vaisseaux, ne dispose à la plé-
thore, et ne produise l'apoplexie; mais on est
convaincu que ces accidens ne peuvent avoir
lieu, lorsqu'on reconnaît que, d'une part, le
sang abandonne le centre de l'économie animale, pour se porter dans le système capillaire
général, qui se trouve placé dans tous les points
les plus éloignés du cœur, notamment à la pé-
riphérie de l'individu; et que d'une autre part,
il s'opère une déplétion réelle des vaisseaux,
au moyen de la sueur; aussi l'expérience prouve
que des phénomènes fâcheux ne peuvent nullement avoir lieu.

On pourrait penser que l'acte respiratoire
doit éprouver une certaine gêne, lorsqu'étant
placé dans l'étuve, on inspire un air raréfié et
en même temps une vapeur humide; mais la
sensation que l'on éprouve à cet égard n'est que
momentanée; d'ailleurs on y remédie, soit en
se tenant dans la partie la plus basse de l'étuve,
au-dessus de laquelle la vapeur s'élève, soit en
respirant l'air libre que l'on y introduit par

9

une ouverture disposée exprès. Enfin, il est prouvé, par l'expérience, que l'on respire sans inconvéniens un air raréfié et des vapeurs aqueuses.

On a beaucoup admiré que les Russes, au sortir de l'étuve, pussent se rouler nuds dans la neige. L'étonnement à cet égard cesse, lorsqu'on réfléchit que les propriétés vitales de la peau étant excessivement exaltées par l'action du calorique, il s'opère une telle réaction que, d'une part, l'impression du froid est peu sentie, et que de l'autre il n'y a pas assez de force répulsive de la circonférence vers le centre, pour occasionner des accidens par le passage brusque du chaud au froid. Aussi a-t-il été reconnu par quelques expériences que, même sans en avoir contracté l'habitude, on peut impunément passer d'une étuve fortement chauffée à une atmosphère froide.

Le bain d'étuve produit réellement des phénomènes physiologiques extraordinaires qui doit lui faire mériter une juste préférence, dans quelque cas, sur les autres bains. L'eau qui pèse sur la peau, dans les bains liquides, empêche les pores de s'entr'ouvrir librement, et les exalations, qui épurent l'économie animale, de s'opérer, aussi bien que dans les bains d'étuve. Le corps seul peut être placé dans

ces bains, tandis que la tête, cette portion
principale de notre être, ne peut se ressentir
des effets avantageux que l'on doit en retirer.

Si l'on considère les organes importans qui
se trouvent placés à la tête, les nombreux canaux muqueux qui existent aux yeux, aux
oreilles, au nez, à la bouche que des humeurs
diverses doivent librement parcourir; les vaisseaux nombreux qui se ramifient partout, et
la sensibilité exquise dont jouissent toutes les
parties, on concevra, sans peine, que des maladies nombreuses doivent affecter la tête. Les
bains sont, dans bien des cas, le remède le
plus efficace. Mais comme il n'est guère possible de tenir long-temps la tête plongée dans
un bain liquide, on recourt à celui de vapeur
et l'on en retire de grands avantages. C'est surtout dans cette classe nombreuse de maladies,
désignée sous la dénomination générique de
douleurs, que l'on reconnaît les effets puissans
du bain d'étuve; ils agissent à la fois sur les
propriétés vitales qu'ils modifient, et sur les
fluides et les humeurs diverses dont ils acti-
vent le cours ou déterminent l'évacuation. Pendant que tous les médicamens imaginables
échouent dans le traitement des rhumatismes,
de la goutte, des névralgies, des douleurs, du
système osseux, nommées *stéocopes,* etc. On se

trouve parfois guéri comme par enchantement,
à l'aide des seuls bains d'étuve. Les raisonne-
mens physiologiques les plus exacts s'accordent avec l'expérience, pour expliquer les effets
prodigieux que peut produire cette sorte de
bain pour emmener une prompte guérison.

Le bain d'étuve ne sert par fois qu'à remplir des vues hygiéniques, surtout lorsqu'on
y a recours dans l'hiver pour activer la circulation et ranimer la chaleur animale, de manière à rendre le corps moins sensible à l'impression du froid, et lui faire supporter sans
peine la température la plus rigoureuse.

Les médecins de l'antiquité lui avaient reconnu cette vertu. Celse le conseille à ceux qui
sont trop refroidis : *Ei qui perfrixit, opus est
laconico primùm involuto sedere donec insudet.
Tùm ungi deindè lavari, cibum modicum, potio-
nes meracas assumere.*

§. IV. BAIN DE CAISSE FUMIGATOIRE.

Lorsqu'il n'est pas essentiel que la tête soit
placée dans le bain de vapeur, et que l'on veut
éviter les inconvéniens qui pourraient résulter
de ne pas respirer exclusivement l'air atmosphérique, au lieu du bain d'étuve, on peut
avoir recours à celui de caisse fumigatoire. Ce
genre de bain convient principalement, lors-

qu'on veut que le corps soit imprégné de certaines vapeurs médicamenteuses qui ne pourraient être introduites, sans dangers, dans les voies aériennes. Les caisses fumigatoires remplissent l'office des étuves humides, lorsqu'on se contente d'y réduire de l'eau en vapeur au moyen d'un procédé particulier ; mais elles deviennent des bains véritablement médicinaux, lorsqu'on y introduit certaines substances chimiques ou aromatiques que l'on y réduit en vapeurs.

On obtient d'heureux résultats du bain d'encaissement dans une série d'affections nerveuses, dans les engorgemens, les douleurs, soit par l'influence de la vapeur aqueuse, comme dans le bain d'étuve, soit à cause de la vertu de certaines substances aromatiques qui s'y trouvent combinées. En outre, en pouvant porter ce bain à un très haut degré de température, on détermine une sueur abondante, et par conséquent un dégorgement considérable des fluides qui surchargent l'économie animale.

C'est principalement dans les maladies cutanées que l'on retire des avantages signalés des bains de caisse fumigatoire, parce qu'en dissolvant, uniquement à l'aide du calorique, des médicamens appropriés, on les applique, sous la forme la plus convenable, aux parties ma-

lades , et qu'ils agissent plus énergiquement
que s'ils étaient dissous dans l'eau comme dans
les bains minéraux. Aussi l'on sait apprécier
les bons effets du soufre réduit en vapeurs dans
le traitement des dartres , de la gale et autres
maladies de la peau ; ceux de certaines préparations mercurielles dans le traitement de quelques maladies produites par un virus spécifi-
que ; ceux du benjoin , de l'acide benzoïque ,
du genièvre et d'autres substances aromatiques,
pour opérer la guérison de certaines affections
contre lesquelles ces médicamens ont une action marquée.

Les bains de caisse fumigatoire étaient en
usage au dix-septième siècle. A cette époque
Glauber imagina de donner des bains de vapeurs mercurielles et arsenicales par encaissement ; mais l'imperfection de son appareil , la
nature des substances qu'il employait entraî-
nèrent de fâcheux résultats , et il renonça à sa
découverte. Le docteur Lalouette , il y a quel-
quelques années , fit renaître la méthode de
Glauber ; mais il ne fut guère plus heureux que
lui. Depuis, MM. Claude, Paul Tryaire et Tenon
ont successivement proposé des appareils mieux
perfectionnés pour prendre des bains de vapeurs
sèches et humides. En 1814, M. Galès , phar-
macien en chef de l'hôpital St. Louis de Paris,

voulut essayer contre le traitement de la gale
la méthode de Franc, qni le premier eût l'heureuse idée d'employer le soufre en vapeur contre les maladies psoriques. Les essais que fit
d'abord M. Galès, en introduisant dans le lit
du malade, à la faveur d'une bassinoire, les
vapeurs soufrées, ayant eu beaucoup d'inconvéniens, il chercha un procédé plus régulier
pour les administrer, et crut le trouver dans
la machine de Lalouette, à laquelle il fit subir
quelques modifications.

L'administration des hospices civils de Paris
ayant reconnu les immenses avantages que l'on
retirait des fumigations sulfureuses, invita le
savant Darcet à chercher les moyens de remédier à tous les inconvéniens attachés à la caisse
fumigatoire dont se servait M. Galès. Alors M.
Darcet porta au dernier point de perfection cet
appareil, il en fit construire de diverses gran-
deurs et de formes variées, il fit établir entr'autres, à l'hôpital St. Louis, une caisse fumigatoire propre à recevoir à la fois douze malades,
et dans laquelle deux cents individus, dans le
même jour, peuvent jouir des bienfaits des fumigations.

Depuis lors, dans tous les établissemens de
bains publics on a établi des caisses fumigatoires, dans la construction desquelles le génie

des mécaniciens est venu seconder les vues des médecins, pour que toutes les indications fussent remplies de la manière la plus sûre et la plus convenable. On peut citer l'appareil du docteur Rapou, décrit dans son ouvrage intitulé *de l'atmidriatique,* comme un beau modèle à suivre pour les bains d'encaissement.

Ces bains sont actuellement d'un usage généralement répandu ; on les modifie à volonté, selon les maladies qui en nécessitent l'emploi ; soit en variant les substances que l'on fait vaporiser, soit en y plaçant exclusivement telle ou telle partie du corps, par des ouvertures disposées d'une manière convenable, on peut y introduire seulement un membre, si seul il a besoin de recevoir l'impression de la vapeur. Il existe un appareil à l'hôpital St. Louis de Paris, pour que la tête puisse, sans inconvéniens, recevoir les émanations du soufre et du mercure. Un conduit adapté à volonté à la bouche ou au nez du malade lui permettant de respirer l'air ambiant. Il est de ces caisses dans lesquelles, au moyen d'un tube, on peut diriger sur telle ou telle partie du corps que l'on veut une colonne de vapeur au moyen d'un tube approprié. Ce genre de bain peut subir, enfin, toutes les modifications nécessaires, selon les cas pour lesquels il doit être administré.

§. V. DOUCHES.

La douche consiste dans l'application brusque et soutenue d'une colonne d'eau sur quelque point de l'économie animale , ce liquide
provenant d'un lieu élevé , et étant dirigé à
l'aide d'un tuyeau sur la partie malade.

Selon la nature de l'eau , sa température ,
le volume la forme de son jet, sa force de pro-
jection, sa durée la douche produit des effets
différens. On se sert de l'eau naturelle ou de
l'eau minérale pour l'administrer, selon les cas
qui en déterminent le choix. Quoique l'application du liquide sur les parties malades ne
soit pas d'assez longue durée , et faite sur une
surface assez étendue pour que son absorption
puisse s'opérer ; son simple contact peut produire d'utiles effets.

La douche d'eau froide détermine une action
concentrique infiniment tonique. Celle d'eau
chaude à un effet directement opposé ; il en
résulte une excitation, puis une rubéfaction de
la peau, et divers autres phénomènes excentriques.

La vertu essentielle de la douche tient à son
action directe sur les propriétés vitales. Dans
cette série de maladies où il existe une exalta-
tion de la sensibilité qui occasionne de vives

10

douleurs, la douche devient un puissant moyen
perturbateur de l'état actuel. Il résulte du trou-
ble que suscite son emploi, une sédation des
symptômes et un calme réel. Dans ces affections tout à fait opposées à celles-ci, où la sensibilité est émoussée et comme éteinte dans les
paralysies du sentiment, l'ébranlement qu'occasionne le choc du liquide réveille la sensibilité, en réhausse le type et le ramène à son
degré naturel. Aussi voit-on que la douche est
également administrée avec succès dans les névralgies, les convulsions, la danse de St. Wit,
les rhumatismes, les atonies, les tremblemens,
les paralysies; c'est que, dans toutes ces maladies, la plupart différentes entre elles, elle modifie la sensibilité dont le mode naturel est
perverti.

C'est dans les affections, qui dépendent de
la lésion de la contractilité, que l'on remarque
principalement les effets signalés de la douche.
On sait, en médecine, que divers engorgemens,
les uns placés à la surface du corps, les autres
dans l'épaisseur des organes, et qui portent les
noms génériques d'indurations, d'obstructions,
de tumeurs, etc., ne persistent que par le dé
faut d'énergie de la part de la contractilité organique des tissus. Une irritation primitive y
a fait un appel des humeurs, les vaisseaux ca-

pillaires ont été distendus outre mesure, leur
tonicité naturelle a été vaincue, ils ont perdu
leur force de réaction, et les fluides y séjour-
nant, s'y accumulant de plus en plus; il en
résulte un engorgement qui persiste, jusqu'à
ce que la contractilité organique étant mise en
jeu, fasse opérer un dégorgement favorable,
en rétablissant aux vaisseaux capillaires leur
force de réaction.

Pour que ce bel effet médicateur soit produit,
il suffit qu'une colonne d'eau soit dirigée d'une
manière convenable sur le siège de la maladie.
L'impulsion, le choc du liquide suscitent un
ébranlement qui se transmet aux vaisseaux les
plus profonds et les plus déliés. Leurs parois réagissent légèrement; les fluides lymphatiques,
sanguins ou autres, qui engorgent les parties,
sont exprimés. Bientôt on aperçoit que la tu-
meur diminue de volume; et si l'usage de la
douche est suffisamment continué, la contractilité organique renaît entièrement, et la maladie est parfaitement guérie.

Ce n'est pas seulement dans les lésions de
la contractilité organique que la douche est
efficace; elle l'est aussi dans celles de la contractilité animale, c'est-à-dire, dans ces maladies où les muscles qui sont sous l'empire
de la volonté ont perdu partiellement ou to-

talement leur faculté d'agir. Dans ces affections qu'on nomme tremblemens, paralysies,
hemiplégies, paraplégies, la douche devient
d'un puissant secours.

Douche ascendante. On désigne sous ce nom
une douche que l'on administre vers certaines
parties du corps, parce que la colonne liquide,
au lieu d'être dirigée horizontalement comme
dans les douches ordinaires, remonte contre
son poids dans un sens vertical.

C'est une heureuse idée que celle d'avoir
appliqué la douche d'une manière directe sur
certains organes intérieurs. Qui ne sait combien on retire de salutaires effets des injections
ordinaires dans les intestins ! L'eau introduite,
même en petite quantité, opère un bain intérieur; tous les organes sont rafraîchis; et si l'ob-
sorption s'en opère, toute l'économie animale
est arrosée en peu de temps. Aussi les irritations, les douleurs les plus intenses s'appaisent peu à après leur administration. Par la
douche ascendante, on obtient tous ces effets,
mais à un bien plus haut degré, parce que,
dans un court espace de temps, on fait entrer
dans les intestins une quantité considérable
d'eau; car, à mesure que la colonne liquide
monte constamment, l'eau primitivement introduite descend tout autour d'elle, de manière

qu'il s'opère à la fois un cours ascendant et
descendant.

La douche ascendante a quelquefois une
action directe sur les gros intestins. On sait à
combien de maladies ils sont sujets : des irritations , des inflammations, diverses tumeurs
s'y développent fréquemment. Or , le bain intérieur que procure la douche remédie à tous
les accidens. C'est surtout contre cette cruelle
maladie que l'on peut considérer, avec raison , comme une des plus douloureuses qui
puisse affliger l'espèce humaine , les hémor-
roïdes , que l'on retire des bienfaits signalés
de cette douche ; l'intestin doucement dilaté
par l'eau , rafraîchi, lavé, exprime les mu-
cosités qui le recouvrent, et se débarrasse de
tout ce qui le gêne ou l'irrite ; les vaisseaux
sanguins assouplis par l'eau réagissent mieux
sur eux-mêmes ; le sang circule plus librement
dans ses canaux ; bientôt les tumeurs hémor-
roïdales diminuent , et les douleurs intoléra-
bles qu'elles occasionnent, s'appaisent et s'évanouissent.

Ce n'est point seulement localement que la
douche ascendante des intestins produit les effets salutaires , elle agit encore sur divers organes de l'économie animale. La vessie , par
ses connexions avec l'intestin rectum , en re-

çoit une heureuse influence dans les inflammations , les catharres qui s'y développent.
L'estomac , le foie , les poumons , le cerveau
lui-même, par des sympathies bien reconnues ,
se ressentent efficacement , dans une infinité
de cas pathologiques , de l'administration de
la douche ascendante.

A quelle nombreuse série de maladies le sexe
féminin n'est-il pas sujet, par rapport aux
phénomènes qui s'opèrent du côté des organes de la génération? Les dérangemens si fréquens des menstrues entraînent une foule d'incommodités, depuis l'époque de la puberté
jusqu'à l'âge critique. L'une de ces incommodités , dont beaucoup de personnes sont attein-
tes, est une exsudation habituelle ou périodique,
plus ou moins abondante , vulgairement désignée sous le nom de *flueurs blanches* ou de
leuchorrée. Les jeunes filles y sont sujettes
aussi bien que les femmes ; et chez les unes
et les autres, les pertes abondantes qui s'opèrent par les organes de la génération , causent
des langueurs d'estomac , de l'épuisement , qui
emmène une maigreur qui conduit à l'étisie
et à la consomption.

Comme les *flueurs blanches* dépendent d'un
état d'irritation de l'utérus, on y remédie aisément au moyen de la douche ascendante, parce

que la colonne aqueuse peut frapper directement le col de l'utérus, et par conséquent le
baigner, le rafraîchir, et appaiser l'irritation
qui y existe. Bientôt la perte devient de moins
en moins abondante, et l'on parvient souvent
à la guérir sans retour.

· On ne connaît que trop bien la fâcheuse influence que le vice cancéreux semble affecter,
pour la matrice et ses annexes, par suite
encore, des irritations répétées qui surviennent
à ces organes. Des pertes âcres, des douleurs lan-
cinantes, sont des symptômes de cette cruelle
maladie. Rien n'est plus efficace pour calmer
les accidens qui en résultent, que les injections
dirigées vers les parties malades. On se sert ordinairement, dans ces cas, d'une seringue à
tube recourbé, terminée par un renflement
olivaire percé de plusieurs trous ; et l'on ne
s'aperçoit pas, qu'à l'aide de ce moyen, on ne
peut injecter qu'une faible quantité de liquide,
et que les trous multipliés qui existent au renflement qui termine la canulle, éparpillent
l'eau vers les parois du vagin, et que par conséquent, la matrice ne peut recevoir suffisamment l'effet de l'injection. Il en résulte que
c'est en vain que l'on s'injecte de cette manière ;
car, on ne peut nullement remplir l'intention
qu'on se propose. Il vaut mieux, en pareil cas,

se servir d'une canulle droite de gomme élastique, qui peut être introduite sans occasionner de douleur, et permet de diriger l'injection vers le col de l'utérus.

Mais, pour remplir de telles indications, rien n'est aussi convenable que la douche ascendante. Un tube d'ivoire ou de gomme élastique étant convenablement placé, un jet uniforme et constant de liquide parvient à l'utérus, baigne son col, entr'ouvre même son orifice ; et en calmant l'irritation locale, agit d'une manière salutaire sur les ovaires et les vaisseaux de l'abdomen. Il résulte de cette douche ascendante un bien être marqué. Il est possible, dans les premières périodes du cancer utérin, à l'aide de ce moyen, d'en obtenir la guérison.

Il y a un genre de douche approprié aux affections de l'organe, dans lequel s'accumule le fluide que secrètent les reins; à ces catarrhes chroniques, ces dégénérescences de la membrane muqueuse, ces fongosités qui occasionnent des rétentions douloureuses du liquide contenu, ces corps étrangers qui se forment par l'aggrétion molléculaire de certains élémens chimiques; mais cette douche précieuse nécessitant un appareil particulier, et rentrant dans le domaine de la médecine opératoire, je me bornerai ici à la signaler.

Douche d'ondée. Ce n'est pas sans inconvéniens que, dans quelques maladies, on emploie-
rait la douche ordinaire ; l'effort de la colonne
liquide déterminerait des secousses trop violentes. Cependant, comme son mode d'action
peut être favorable, on donne la préférence
à cette variété que l'on nomme *Ondée.* L'eau
éparpillée s'applique avec moins de force sur
les parties, et au lieu d'un choc, elle produit
une légère titillation, qui néanmoins met en
jeu la contractilité organique.

Dans le gonflement inflammatoire des yeux,
des mamelles et d'autres organes glanduleux,
il est souvent très essentiel de recourir à
la douche. C'est un auxiliaire puissant pour
opérer la résolution ; mais la sensibilité, exquise de ces organes, ne leur permettant pas
de supporter le choc d'une colonne d'eau, la
douche d'ondée seule est alors convenable. Il en
est ainsi dans les céphalalgies, les migraines,
les névralgies dont le siège est placé à la tête,
les affections mentales, l'ébranlement violent
qu'occasionerait la douche ordinaire, se trans-
mettrait au cerveau non sans dangers ; l'ondée
mérite, dans ces cas, une juste préférence.

Il arrive qu'une ardeur vive, une déman-
geaison insupportable se font ressentir sur toute
la surface du corps, depuis la peau du sommet

11

de la tête jusqu'à celle de la plante des pieds
Ces phénomènes surviennent parfois subite-
ment et sans cause connue, et d'autrefois, dépendent d'un vice particulier de l'organe cutanée. Rien n'appaise aussi bien ces incommodités que la douche d'ondée. Le bain ordinaire
ne remplit pas le même but, parce que, d'une
part, la tête ne peut guère y participer, et que,
d'une autre, il ne fait pas éprouver l'agréable
frissonnement que détermine l'ondée.

Dans les temps très chauds, un sentiment
pénible pèse sur nous ; une sueur presque con-
tinuelle s'écoule de nos pores, la peau en est
irritée ; un abattement, une atonie générale,
sont la conséquence de la sorte d'exalation
passive, qui a lieu sans cesse par la surface
cutanée. Souvent plusieurs de nos fonctions
sont altérées ; l'appétit n'est point prononcé ; un
état maladif est imminent, si surtout il existe
des maladies épidémiques ou contagieuses ; les
bains paraissent alors une ressource utile ; mais
des inconvéniens se trouvent attachés à leur
fréquent usage ; ils débilitent si l'on y a trop
souvent recours, si l'on y reste trop long-
temps, et on ne remplit pas le but qu'on
cherche à atteindre, cependant, si l'on n'en
fait pas un usage souvent répété.

Alors la douche d'ondée est infiniment effi-

cace; elle absterge toute la surface du corps ;
elle tonifie les vaisseaux exalans, et prévient
une sueur trop abondante; elle suscite un léger frissonnement qui se transmet, par sym-
pathie, aux organes intérieurs et réveille leur
action ; elle donne du ton à toute l'économie
animale; le corps devient plus dispos, et l'on
peut mieux supporter les fatigues et les ri-
gueurs de la chaleur.

La douche d'ondée est d'ailleurs infiniment
propre à procurer des sensations agréables; c'est
une douce rosée ou une pluie abondante qui
tombe sur tout le corps. Sa température est
élevée au degré désiré. Lorsqu'on en fait un
simple moyen de propreté, des parfums peuvent être unis à l'eau, à la manière des orientaux. Il en résulte que le corps se nettoie et
se délasse tout à la fois, et qu'un bien-être
sensible se fait bientôt ressentir dans tout l'organisme.

Douche de vapeur. Ce n'est point simplement une fumigation locale qu'on se propose
d'administrer par la douche de vapeur, c'est
aussi une vive excitation que l'on cherche à
déterminer. Il existe des maladies d'une nature bizarre, contre lesquelles tous les moyens
échouent, où bien d'une nature bien connue,
mais grave, qui résistent aussi aux remèdes

ordinaires, et qui peuvent céder cependant à l'emploi de la douche de vapeur.

Si l'on réfléchit à ce genre de douche, on s'apperçoit qu'il s'étend de la simple fumigation à une cautérisation active; car, selon le degré de calorification, ou la distance de la colonne de vapeur, des effets différens doivent être produits. Ainsi, on s'en sert pour baigner simplement une partie à l'aide de la vapeur, susciter une exalation et activer la circulation capillaire. Mais aussi on produit, à l'aide de ce moyen, des cautérisations à différens degrès, depuis la simple rubefaction jusqu'à une brûlure profonde. Au lieu d'employer le moxa ou le cautère actuel, on peut recourir, dans les cas qui les nécessitent, à la douche de vapeur, parce qu'elle cause moins d'effroi, est réellement moins douloureuse à supporter, et qu'elle remplit parfaitement l'intention qu'on se propose. On sait en chirurgie quels effets merveilleux on retire de la cautérisation, exécutée soit à l'aide des caustiques, soit avec des métaux rougis à blanc, dans certaines névralgies opiniâtres, les tumeurs blanches des articulations, les coxalgies, le mal de Pott, les gibbosités commençantes, l'épilepsie, etc. Or, on peut obtenir d'aussi heureux résultats de l'application de la douche de vapeur, administrée

d'une manière convenable. Le docteur Rapou
a principalement signalé cette ingénieuse ressource thérapeutique, et en a retiré de grands
avantages dans le traitement des maladies.

§. VI. DE QUELQUES ESPÈCES PARTICULIÈRES
DE BAINS.

Bains aromatiques. On donne des propriétés
éminemment médicamenteuses à l'eau des bains,
en y unissant certaines substances aromatiques.
Il suffit de faire une forte décoction de ces plantes et de la verser dans le bain. On s'en sert
contre diverses maladies dans lesquelles il est
essentiel de donner de la tonicité aux tissus :
comme les affections lymphatiques, les scrophules, le rachitis. Ces bains conviennent encore pour guérir quelques douleurs tenant à
une excitation chronique du système nerveux.
Pour produire un effet encore plus tonique,
on prend des bains de vin, de lie de vin, de
marc de raisin, ou d'autres substances fer-
mentées.

Bains gélatineux. Les élémens chimiques qui
entrent dans les bains minéraux, agissant sur
la peau, dont la sensibilité est augmentée
par certains vices qui l'affectent, déterminent fréquemment un accroissement d'irritations que les malades ont peine à suppor-

ter. Pour obvier à ce phénomène, on combine avec avantage aux substances minérales,
la gélatine animale , souvent même on fait
usage de bains purement gélatineux.

Abstraction faite des influences exercées par
les maladies, la peau de certains individus est
naturellement dure, sèche et rugueuse. L'eau
simple ne suffit pas pour lui donner une souplesse et un poli convenables ; mais à l'aide de
bains onctueux, composés de certaines préparations de gélatine animale, on parvient aisément à produire l'effet désiré.

Bains émolliens. Pour calmer les vives irritations de la peau et celles de quelques organes intérieurs , on fait usage de bains dans
lesquels entrent des substances mucilagineu-
ses. C'est quelquefois une décoction de plantes
adoucissantes, telles que les mauves, la gui-
mauve, l'althéa. On peut à son gré, et selon
les circonstances qui les exigent, modifier les
bains émolliens.

Bains de boues minérales. Comme il se forme
des boues auprès des sources de plusieurs
eaux minérales , on a imaginé d'en faire l'u-
sage dans le traitement des malades , en y plaçant ou tout le corps , ou l'une de ses parties. Par une imitation facile on en a fabriqué
de factices avec diverses substances chimiques.

Le sulfure de potasse est principalement employé à cet effet. On préconise la boue de remouleur, celle qu'on nomme terre sigillée ou cimolée, lorsqu'on veut faire des applications ferrugineuses sur les parties malades, pour activer la résolution des engorgemens ou des indurations qui y surviennent.

§. V. *Bain de sable, (arénation.)* Le sable, chauffé à une température convenable, sert à former des bains d'une efficacité remarquable. On y place le corps presque tout entier ou seulement quelques unes de ses parties. Voici ce que dit de ces bains le docteur Petroz : « Dioscoride et ensuite Galien l'ont proposé contre l'hydropisie. Hérodote, d'après ce qu'assure Oribase, conseillait de s'en servir contre l'asthme humide et contre la goutte, et chez ceux qui ont une vicieuse habitude du corps, qui les dispose à l'hydropisie, mais de n'en point faire usage chez les enfans. Galien rapporte l'observation d'un flux considérable de matrice, entretenu par une surabondance de sérosité dans tout le corps, guéri par le sable de mer chauffé. Aurélianus s'en est servi contre la paralysie, la cachexie, la goutte, la polysarcie. »

Aucun moyen n'est plus propre à activer la circulation capillaire que le bain de sable chaud. La peau rougit par son contact et une sueur s'écoule bientôt après. J'en ai vu obtenir de bons effets dans des cas où il était important d'activer la circulation dans les parties les plus éloignées du cœur, après la ligature des artères principales des membres. Ce qui autorise, par analogie, à en faire usage, dans le refroidissement habituel des extrémités. Dans l'œdème de ces parties, et dans les cas où des symptômes sinistres rendent imminente une gangrène senile.

Ce genre de bain est aussi parfaitement indiqué dans les maladies lymphatiques, telles que les scrophules, le carreau, le rachitis. l'excitation produite à la peau réagit sur les vaisseaux absorbans et les ganglions où ils aboutissent la circulation qui était ralentie s'y exerce plus librement ; la contractilité du système lymphatique se ranime, et des conséquences heureuses résultent du stimulus qu'il reçoit de l'arénation.

PRATIQUES ACCESSOIRES AUX BAINS.

Pour retirer des bains le plus d'avantages possible, on met en usage une multitude de procédés qui, tout simplement accessoires qu'ils paraissent, ne sont pas moins très-essentiels. Chez les peuples anciens un grand nombre de serviteurs étaient destinés à remplir différens emplois pour le service des bains. On peut s'en convaincre dans les écrits qui nous retracent les mœurs des Grecs, et dans les ouvrages d'Hyppocrate. On voit dans Homère, que d'après les ordres de Nausicaa, fille d'Alcinoüs, ses compagnes animent Ulysse à se plonger dans l'eau courante. Mais le héros prenant la parole leur dit : Belles Nymphes retirez-vous, le fleuve enlevera le limon dont j'ai été noirci par la mer ; je m'inonderai de l'huile odorante, qui depuis long-temps, hélas ! n'a coulé sur mon corps.

Il y avait chez les Romains des individus employés exclusivement à chaque genre de service. On nommait *iatraliptæ, unctores*, médecins oignans, ceux qui couvraient le corps d'huiles et d'onguens ; on appelait *oléarii, unguentarii* ceux qui étaient spécialement chargés de les apporter ; *fricatores*, ceux qui raclaient la peau

avec le *strigil,* instrument particulier de fer
ou de corne ; d'autres nommés *tractatores* faisaient profession de manier doucement les
jointures et les autres parties du corps pour
les ramollir et les rendre plus souples ; des hommes ou des femmes qu'on appelait *alipilarii,*
picatrices avaient pour office d'épiler, à l'aide
de pincettes ou de certains emplâtres. Il y avait
aussi des *tonsores* et des *tontrices* pour le soin
de la barbe et des cheveux.

Il est facile de reconnaître que les pratiques
accessoires aux bains , en usage chez les anciens , après avoir été long-temps abandonnées,
retrouvent , pour la plupart , un nouvel accueil chez les peuples modernes. Les frictions
le massage , les épilatoires , etc. ne sont point
des choses inventées par les Orientaux , car
elles se pratiquaient, quoique d'une manière
différente, chez les Grecs et les Romains. Toutefois , c'est à l'exemple des Asiatiques que ces
pratiques utiles sont maintenant mises en œuvre et deviennent de plus en plus d'un usage
fréquent.

§. I. Frictions. On ne retirerait pas du bain
certains avantages qu'on en attend , sans le secours des frictions. Les substances qui altèrent
la peau ne s'enleveraient pas exactement, les
pores des vaisseaux exalans ne s'entr'ouvriraient

pas suffisamment pour permettre une transpiration facile ; les squammes de l'épiderme ne se souleveraient pas convenablement, par la simple immersion dans l'eau ; mais à l'aide des frictions tous ses effets ont lieu ; la peau est dépouillée par son secours de tout ce qui lui est superflu et nuit à l'exécution de ses fonctions. Il en résulte un état de bien-être qui se fait ressentir dans toute l'économie. Un simple regard sur la nature prouve la nécessité des frictions : tous les animaux se plaisent à se frotter contre certains corps qui leur résistent, ou bien ils se grattent avec leurs griffes, leurs dents, leurs becs. On sait combien il est essentiel pour l'entretien d'un cheval qu'il soit exactement étrillé. Or, toutes ces choses ne sont que des frictions d'espèces particulières.

Pour exécuter cette pratique, certains peuples se servaient du strigil. Les Russes se font frotter avec des brins de bouleau ; les Asiatiques se font frictionner par des esclaves, dont les mains sont garnies d'un gand de crin ou d'une serge, et qui, sur quelques parties du corps, emploient la pierre ponce.

Pour exercer les frictions, on agit avec la main nue ou bien garnie d'un gand ou d'un tissu particulier, comme de la flanelle, de la serge, du linge neuf. On se sert aussi à cet

effet d'une brosse. On réduit souvent en vapeurs certaines substances pour faire des frictions sèches, aromatiques ou médicamenteuses ; et dans certaines circonstances, on fait
usage d'onguens, de linimens. Les huiles odo-
rantes étaient habituellement employées après
le bain chez les anciens. Les Orientaux s'en
servent encore de nos jours ; les Russes s'oi-
gnent avec quelques corps gras. Tout semble
indiquer qu'il est avantageux, après le bain,
de combiner aux frictions une légère onction,
tant par rapport à l'agrément qu'aux bons
effets hygiéniques qui doivent en résulter,
en entretenant le poli de la peau, et en y
plaçant un défensif contre certaines irritations.

§. II. MASSAGE. On attribue aux Indiens l'invention de cette pratique, bien qu'elle soit un
des moyens les plus anciennement usités dans
la médecine chinoise, et que jadis elle ait été
comme chez les Romains. La plupart des peuples y ont recours. En Russie, en Turquie, en
Egypte, dans les Indes, on la voit généralement
employée. Les voyageurs rapportent que les
habitans d'Otahïti réservent ce moyen contre
les maladies ; ils l'exécutent en pressant légèrement les muscles avec leurs doigts et en frot-
tant doucement le corps avec leurs mains, et

ne prodiguent ces soins qu'aux malades qui éprouvent bientôt le soulagement de leurs maux.

Le massage ne se pratique pas partout de la même manière ; au lieu d'une légère manipulation , c'est quelquefois une manœuvre grossière, qui consiste à distendre les membres , à les agiter dans divers sens , et à frapper fortement sur les masses musculeuses. Chez les Egyptiens et les Turcs , le massage se pratique au bain. Un esclave s'agenouille sur la poitrine, le ventre ou les reins de celui qu'il veut masser , lui fait craquer la colonne vertébrale et les autres articulations ; il le retourne tantôt sur le ventre , tantôt sur le dos, et agite ainsi le corps dans tous les sens.

Tous les auteurs s'accordent à dire que le massage , joint aux bains , détermine dans l'économie animale un changement accompagné des plus agréables sensations dont on peut difficilement se faire l'idée. La peau , d'abord humectée par l'eau ou la vapeur dans laquelle elle a été plongée, devenue plus souple et plus flexible , éprouve un bien-être qui se répand à toute l'économie, et fait éprouver à l'existence un charme tout nouveau.

On attribue à cette pratique d'exercer une influence remarquable sur les organes de la circulation du sang ; d'activer la circulation de ce fluide dans les parties où la vitalité n'est pas assez prononcée ; de réveiller ainsi les forces et de produire des exalations favorables. Un autre effet qui en résulte, s'opère sur les organes de l'appareil locomoteur ; les muscles comprimés, titillés de diverses manières, éprouvent une telle excitation, que leur contractilité devient plus énergique. Un troisième ordre de phénomènes se passe vers la conjonction des os. Si le jeu des articulations s'exécute mal, soit à cause d'un épaississement de la synovie, soit à cause de l'engorgement des parties molles environnantes, les mouvemens qu'imprime le massage rétablit le libre glissement des surfaces osseuses, et la rigidité des mouvemens est bientôt remplacée par la libre exécution des fonctions des organes actifs et passifs de l'appareil de la locomotion.

§. III. Cosmétiques. De tous les temps, les hommes, pour satisfaire leur vanité, ont employé des moyens propres à entretenir la beauté du corps, et effacer le sceau que le temps imprimait sur leurs traits. Criton, d'Athènes, a donné aux Grecs des préceptes pour teindre les cheveux. Cléopâtre, reine d'Egypte, Aspasie, belle Phocéenne, mirent en contribution tous les parfums de la terre, sans que leur profusion pût satisfaire leur sensualité ; et ces femmes célèbres ont écrit sur l'art de donner au corps une beauté factice. Plusieurs empereurs romains, tels qu'Auguste, Antoine, faisaient un usage prodigieux de baumes et de parfums. Henri IV, aussi jaloux de plaire que vaillant guerrier, effaçait les tâches causées par le hâle, en s'ppliquant sur le visage une pâte faite avec de la farine et du blanc d'œuf, qu'il laissait pendant la nuit et enlevait le lendemain à l'aide de quelque lotion. C'est un usage établi chez la plupart des peuples que d'allier aux bains certains cosmétiques. Les grecs, au sortir du bain, se répandaient sur le corps une huile odorante. Les Russes, après s'être roulés dans la neige, se frottent ordinairement avec certains corps gras. En Egypte , dans l'Inde , on se parfume avec quelques essenses exquises. Ces pratiques sont trop délaissées en France ; car il est avantageux d'enlever exactement tout ce qui salit la peau, et l'eau est insuffisante à cet effet ; elle coule sur ce tissu sans entraîner une matière huileuse qui lui donne un aspect luisant et une odeur désagréable chez certains individus, et chez tous , elle laisse en partie le produit de diverses exalations..

On éviterait de tels inconvéniens , si on était

moins réservé sur l'emploi des cosmétiques :
il n'y a aucun inconvénient à en faire usage,
et si l'on ne s'en sert pas, on ne peut parvenir à avoir le plus parfait degré de propreté.
Au reste, doit-on être si esclave de ce précepte,
meliùs est nihil olere quàm bene olere, que de dé-
daigner de faire usage de choses utiles pour
enlever exactement les matières impures qui
recouvrent le corps, pour satisfaire à la pré-
tention raffinée de ne pas exaler des odeurs
suaves.

Ainsi, il est essentiel de désigner certains cosmétiques qu'il convient d'associer aux bains,
tels que les savons parfumés, notamment celui
qu'on nomme *Ekmelek*, les pâtes d'amandes, les
eaux spiritueuses, aromatiques de Cologne, de
Ninon, d'Ispahan, de Reine de Hongrie, d'Ip-
siboë, le lait virginal.

Il est des cosmétiques qui ne se rallient pas
aussi directement aux bains, tels que les fards,
la pommade concombre, le baume de la Meke.
Il en est ainsi des prétendus trésors de la bouche, tels que l'eau Désiderabode, et des préparations propres à teindre les cheveux. Cependant les anciens réunissaient aux bains
toutes ces choses, et elles deviennent d'un
usage de plus en plus fréquent chez les modernes.

§. IV. Épilatoires. C'est autant un raffine-
ment de coquetterie que de propreté que cette
pratique, qui consiste à dépouiller la peau du
système pileux, pour lui donner plus d'agrément. Les femmes turques se dépilent après le
bain, au moyen d'une pommade composée d'or-
piment et de chaux vive, et en approchant à
une petite distance de la peau, une lame d'or,
d'argent ou de fer rougie au feu, pour fermer
les pores aux poils et consumer leurs racines.

Les Egyptiens se servent aussi d'une pommade épilatoire : elle est composée avec un
minéral nommé *rusma*, et que les arabes ap-
pellent *Dersa*. Ils en forment, au moyen de
certains procédés, une pâte grisâtre, qui, ap-
pliquée sur les poils, les fait tomber en trois
minutes, sans qu'on éprouve la plus légère
douleur.

Les chimistes français ont perfectionné les
préparations épilatoires : M. Nysten en a imaginé plusieurs qu'il a employées avec succès
L'usage de ce moyen, qui semblait réservé aux
Asiatiques, se propage actuellement chez différens peuples. A Paris les épilatoires sont mis
au rang des choses qui servent à entretenir
l'agrément de la peau, dans les établissemens
de bains publics; aussi sont-ils accueillis à
l'envi par un sexe dont les attraits sont un
des plus précieux appanages.   13

§. V. ÉLECTRISATION. Lorsqu'on réfléchit que
beaucoup de moyens curatifs ne sont que des
agens pertubateurs, qui influent sur les propriétés vitales en les modifiant, en vertu des
impressions qu'elles en reçoivent : on conçoit
que l'on peut retirer, en médecine, de grands
avantages de l'électricité. On sait que, par divers
procédés physiques, on développe dans les
corps un principe particulier qu'on croit être
un fluide subtil, et qu'on nomme *électricité ;*
les anciens avaient reconnu sa présence dans
l'ambre ou succin, *electrum,* d'où lui vient son
nom. On le retrouve dans tous les corps rési-
neux ; ce qui constitue une première espèce
d'électricité qu'on nomme *résineuse.* Une autre
espèce s'obtient par le frottement du verre, et
prend le nom de *vitrée.* Une troisième espèce
provient du contact de deux métaux, c'est le
galvanisme; ou est produite par une réunion
de disques de deux métaux différens et de substances imprégnées d'eau, ou bien d'assemblages
de plaques disposées symétriquement dans des
baquets, c'est ce qu'on désigne sous le nom
de *pile voltaïque* Quel que soit le moyen de
dégager le fluide électrique, on le recueille
dans certains corps qui en sont conducteurs,
et l'on s'en sert pour produire des effets merveilleux.

Les effets que détermine l'électricité sur le corps humain, a fait penser qu'on pourrait l'employer au traitement des maladies. Des médecins célèbres en ont retiré de grands avantages dans une infinité d'affections, principalement dans les paralysies récentes, la stupeur, l'engourdissement et les tremblemens des muscles, la danse de St. Guy, la paralysie des organes des sens, telles que l'amaurose, la surdité, les engorgemens lymphatiques, ceux qu'on nomme laiteux, les rhumatismes, la goutte, les suppressions des menstrues, l'épilepsie et certaines asphixie. Pour appliquer l'électricité à l'économie animale, on suit différens procédés.

Bains électrique. Si l'on place un individu en contact avec un conducteur, et que l'on l'isole du sol; le fluide électrique s'accumule sur toute la surface du corps, et principalement dans le tissu cutané; aussitôt on voit que ses villosités se redressent, que les cheveux présentent le même phénomène. Le pouls et parfois accéléré, et la transpiration est sensiblement augmentée. Il résulte de ce bain, une augmentation d'activité dans les fonctions de la peau, et une réaction sympathique sur toutes les autres parties du corps.

Etincelle électrique. Lorsqu'on approche d'un

individu électrisé un conducteur non électrisé, l'on fait sortir des étincelles de tous les
points où se fait ce rapprochement, ou bien si
sans être isolé on touche un conducteur électrisé isolé, on en recevra des étincelles accompa-
gnées d'une vive commotion. Ce mode d'électrisation fait éprouver une douleur pongitive ; et
une suite d'étincelles occasionne de la rougeur,
du gonflement, et des aspérités à la peau. L'excitation se transmet aux muscles et aux nerfs,
et des mouvemens involontaires s'exécutent,
d'autant plus, que les décharges électriques
sont plus fortes et plus brusques.

Pointes électriques. Pour éviter les secousses que produit le dégagement du fluide électrique, et pour en faire une douce application
à certaines parties de l'économie animale douées
d'une vive sensibilité, on dirige l'électricité au
moyen de pointes métalliques ou de bois, dont
on arme les conducteurs. Alors, on ressent sur la
partie qui est présentée comme un souffle léger,
et si la pointe est mousse un picottement accompagné de crépitation. Ce genre d'électrisation s'applique principalement aux yeux, aux
oreilles et aux autres parties douées d'une sensibilité exquise.

Lorsqu'on se propose de déterminer des
secousses violentes dans l'épaisseur des muscles

et les articulations des os ; on a recours à d'autres modes d'électrisation, la *bouteille de Leyde*, *la pile Voltaïque*, sont les moyens que l'on emploie alors. Les commotions qui en résultent agissent dans les profondeurs de l'organisme, et influent sur toutes les fonctions. Aussi est-ce avec la plus grande circonspection qu'on doit en faire l'application.

Il est plusieurs autres méthodes à suivre pour le traitement par l'électricité; mais il suffit d'avoir indiqué ici les principales : les diverses maladies qui en exigent l'application, devant diriger le médecin dans le choix du genre d'électrisation qu'il convient de préférer.

§. VI. Pédicurie. On peut désigner sous ce nom les pratiques que l'on met en œuvre pour le traitement des certaines maladies des pieds. On en a fait une partie isolée de l'art de guérir qui est exercée, communément, par des individus dépourvus de connaissances médicales. Il résulte de cela de graves inconvéniens, lorsqu'il survient certaines complications, dans des maladies simples en apparence ; à cause des moyens empiriques notamment des emplâtres irritans qui sont mis en usage.

La médecine pédicure devrait rentrer dans le domaine de la chirurgie. Le célèbre Desault a donné des préceptes dans ces œuvres chirur-

gicales, rédigées par l'immortel Bichat, pour
le traitement des ongles, qui, devenus difformes rentrent dans les chairs, occasionnent de
vives douleurs, et rendent la marche difficile ou
impossible. Le professeur Cruveilher, dans son
traité d'anatomie pathologique, a éclairé les
médecins sur la nature des cors et d'autres indurations qui surviennent aux pieds. L'art du
pédicure se relève de l'abjection à laquelle il
semblait devoir être voué. On voit que des médecins du rang le plus distingué, s'élevant au-
dessus des préjugés, ne dédaignent pas de pra-
tiquer aux pieds certaines opérations, que l'on
croirait devoir être le partage exclusif des char-
latans.

§. VII. Usage de l'eau minérale en boisson.
De toutes les pratiques accessoires aux bains,
aucune ne s'y rattache plus directement, que
l'usage que l'on fait des eaux minérales à l'intérieur. Les organes de la digestion offrent une
voie plus directe, pour transmettre les principes médicamenteux que recèlent ces eaux, dans
le torrent circulatoire, qui, à son tour, les
distribue dans toute l'économie animale. Sans
doute que par la peau une absorption analogue à celle qu'exécutent les vaisseaux lactés
des intestins peut s'opérer ; mais ces vaisseaux
aboutissent plus directement au canal thora-

cique, qui, comme on sait, verse tout ce qui
parvient dans sa cavité dans l'appareil de la circulation du sang, que les vaisseaux lymphatiques qui ont leurs orifices à la surface du corps.
Ainsi, quand il est important d'imprégner certains organes malades des élémens salutaires
que contiennent les eaux minérales, on doit
diriger ces eaux dans les organes de la digestion.

La sensibilité de l'estomac se refuse quelquefois à ce mode d'administration, soit à cause
des qualités stimulantes des eaux, soit à cause
de l'irritabilité des membranes muqueuses sur
lesquelles elles exercent une première influence. Il importe alors de faire le choix des eaux
minérales qui conviennent, de les mitiger avec
quelque liquide adoucissant, de manière à y
accoutumer insensiblement les malades, en ne
leur en faisant prendre d'abord qu'une légère
quantité. Si l'on parvient à leur en faire boire
en assez grande quantité, elles agissent à la
manière d'un bain intérieur, et par l'absorption qui s'opère, tous les tissus de l'organisation sont bientôt imprégnés de leurs principes
bienfaisans.

Il faut avoir une connaissance exacte des maladies qui nécessitent l'usage des eaux minérales pour faire le choix de celles qui leur sont
appropriées. On y recourt souvent d'une manière trop inconsidérée, aussi l'on en obtient pas

les résultats qu'on en attend toujours. Les eaux
sulfureuses, acidules gazeuses, ferrugineuses et
salines qui sont les quatre espèces générales ont
chacune leurs propriétés particulières, et parmi celles de chaque espèce, toutes les variétés
ne peuvent pas être indifféremment adminis-
trées l'une pour l'autre.

L'expérience a depuis long-temps signalé
les eaux minérales *hydro-sulfureuses* pour certaines maladies des organes digestifs, telles que
les aigreurs, les inappetences, les débilités de
l'estomac. Elles ont été reconnues efficaces pour
rétablir les suppressions du flux menstruel,
et faire cesser les pâles couleurs qui en sont
un symptôme ordinaire. On leur attribue principalement la propriété de produire la résolution des tubercules développés dans les poumons, qui constituent la phthisie pulmonaire,
et de résoudre quelques engorgemens analogues qui se forment dans l'épaisseur des organes abdominaux.

Les eaux minérales les plus renommées sont
celles de Bonnes, de Barèges, de Cauteretz, de
St. Sauveur, d'Aix-la-Chapelle. Théophile Bor-
deu a surtout préconisé celles de Bonnes. Il
les eroyait efficaces dans toutes les maladies où
il n'y avait pas de mouvement fébrile. Le docteur Hufeland recommande celle d'Aix-la-Cha-

pelle contre l'hypochondrie. Divers médecins ont retiré des avantages d'autres eaux sulfureuses dans le traitement des skirres utérins, des fièvres intermittentes chroniques, de l'hystérie de la paralysie et des maladies cutanées rebelles. Il paraît qu'elles agissent en produisant une petite fièvre et en modifiant ainsi l'état actuel des organes, pour emmener ensuite un changement favorable.

Il est des maladies dans lesquelles il convient de donner la préférence aux *eaux acidules* ou *gazeuses*, ainsi nommées à cause du gaz acide carbonique qu'elles contiennent, qui les rend légères et fait entendre en se dégageant un léger bruit. Telles sont celles du Mont-d'Or, de Clermont-Ferrand, de Seltz. On les recommande, principalement, contre les catarres pulmonaires chroniques, l'atonie des organes digestifs, la roideur des articulations, les rhumatismes chroniques, la diminution ou la suppression de la transpiration, les maladies de la vessie, les flueurs blanches.

L'eau artificielle de Seltz est maintenant d'un usage généralement répandu; on la boit autant par sensualité aux repas, que pour rehausser les forces digestives. La légère acidité de cette eau lui donne la propriété de tonifier l'économie animale, aussi est-elle utile pour remédier

aux débilités qu'occasionnent les fortes chaleurs et celles qui caractérisent certaines maladies. C'est pourquoi on l'administre avec succès dans les fièvres ataxiques, adynamiques, bilieuses et autres affections qui produisent la prostation des forces vitales.

Cependant il existe des eaux minérales réellement plus toniques, on les nomme *ferrugineuses*, à cause du fer qu'elles tiennent en dissolution. On sait que les préparations martiales agissent énergiquement sur les propriétés vitales et les fonctions de certains organes. On les considère comme de puissans emmenagogues, et l'on s'en sert pour activer ou déterminer l'écoulement du flux menstruel si important à la santé des femmes. La nature offre dans toutes les eaux ferrugineuses une ressource favorable contre les maladies caractérisées par l'atonie des tissus, le défaut de forces circulatoires, la lenteur des sécrétions, et les altérations qui en sont les conséquences. Ainsi les leuchorrées opiniâtres, les hémorragies passives, les infiltrations, les hydropisies, les engorgemens lymphatiques, l'épuisement, sont efficacement combattus au moyen des eaux ferrugineuses.

Dans un grand nombre d'affections il importe de mettre en usage les *eaux minérales salines*, parce qu'il est moins utile d'agir sur la tonicité

des organes, que de produire des excitations
qui provoquent des exalations sur certaines
membranes muqueuses On sait quel rôle les
idées populaires en médecine font jouer aux
humeurs, et combien le vulgaire attribue de
vertus aux médicamens qui sollicitent des évacuations alvines, comme si les excrétions in-
testinales étaient un moyen infaillible d'épuration ; aussi les remèdes qui ont cette propriété,
qu'on nomme assez improprement purgative,
ont constamment joui d'une grande renommée,
et ont été investis de la confiance aveugle de
tous ceux qui ne peuvent avoir que des idées
fausses en médecine. Les grains de santé du
docteur Franc, les pilulles écossaises, les pou-
dres d'Aillaud, les pilulles de Belloste, l'infer-
nale drogue de Leroy, ont tour à tour été con-
sidérés comme des remèdes infaillibles contre
tous les maux, jusqu'à ce que le temps en ait
fait justice, ou que l'autorité trop tolérante les
ait proscrits pour arrêter les maux qui résul-
taient de leur emploi.

Les eaux minérales salines ont eu leur part de
la célébrité des moyens purgatifs, les sources
d'Epsom en Angleterre, de Sedlitz en Bohême,
de Balaruc en France, ont été singulièrement
préconisées. On s'en sert avec succès pour produire des évacuations par la voie des intestins.

Les chimistes ont reconnu que leurs propriétés tiennent principalement au sulfate de magnésie qu'elles contiennent. Ils en ont fait de factices, par les procédés de leur art, qui remplacent parfaitement celles que l'on puise aux sources naturelles. Elles conviennent particulièrement dans les cas où, pour déplacer une irritation qui siége sur quelque organe, ou bien pour déterminer des évacuations utiles, il est indiqué de suivre ce précepte : *purgare saltèm alternis diebus.*

PROSPECTUS

DES NOUVEAUX BAINS

DE BORDEAUX.

CES Bains sont situés dans une position aussi belle qu'avantageuse, sur le terrain du ci-devant Château Trompette, à l'extrémité des promenades qui correspond à la Garonne.

Ils consistent en deux édifices symétriquement élevés, l'un du côté de la Ville, l'autre du côté des Chartrons; ils sont entourés d'un parterre, d'une grille en fer et des arbres des quinconces.

Ces Bains ont été érigés en vertu d'une ordonnance du Roi. Une Société anonyme en a fait exécuter les travaux.

Il était important de donner à ces beaux établissemens le degré de perfectionnement qu'ils étaient susceptibles d'atteindre, afin d'en retirer tous les avantages possibles.

L'édifice situé vers la ville est entièrement consacré aux bains naturels, nommés vulgairement Bains de propreté; celui qui correspond aux Chartrons, renferme, indépendamment de ces premiers, toutes sortes de Bains médicinaux.

L'eau spécialement employée est celle de la rivière, elle est aspirée au moyen de machines à vapeur, et est conduite dans des réservoirs où elle s'épure et acquiert un degré suffisant de limpidité, chose indispensable pour l'eau de la Garonne prise devant Bordeaux, qui étant fréquemment vaseuse, notamment dans certaines crues d'eaux, ne peut être souvent employée pour des Bains de propreté sans une clarification préalable.

Le prix d'un Bain ordinaire, y compris un peignoir et trois serviettes est de... 2 fr.

Abonnement de quatre Bains........................ 6

Chambre de Bain, avec un lit...................... 3

BAIN D'ÉTUVE.

Ce bain est reconnu très salutaire pour une infinité de maladies. Les personnes qui en font usage passent d'un corridor chauffé à une douce température, dans une chambre dont la chaleur est plus élevée; elles se reposent d'abord sur un siége ou sur un lit, puis elles arrivent dans une étuve sèche. Après avoir été soumises à un degré convenable de calorique, elles entrent dans l'étuve humide; se placent sur des siéges, une estrade ou un lit de repos, selon leur besoin, et pour éprouver des degrés différens de chaleur.

Lorsqu'on a été exposé un certain espace de temps à l'action d'une vapeur aqueuse et aromatisée, on se plonge à son gré, dans un bain liquide, où l'on reçoit une ondée. De là on passe dans une chambre chauffée à l'aide de calorifères, où on se repose jusqu'à ce que la vapeur soit assez diminuée; on prend quelque restaurant ou des médicamens s'il en a été ordonné, et s'étant habillé on sort par des corridors dont la température est graduellement de moins en moins élevée.

Le prix d'un Bain d'étuve pour une personne est de 10 fr.
Pour chaque personne de plus...................... 3
Pour dix personnes et au-dessus.................... 3o

BAINS DE CAISSES FUMIGATOIRES.

Ces Bains sont de deux sortes; savoir : à vapeur sèche et à vapeur humide. Les premiers résultent de substances médicamenteuses réduites en vapeur, telles que le soufre, le cinabre , etc. Les seconds se composent de vapeurs aqueuses ou l'on combine ordinairement des émanations de plantes aromatiques.

Le prix de chaque Bain d'encaissement est de...... 6 fr.
Abonnement de quatre............................ 2o

BAINS MINÉRAUX.

On donne ce nom aux Bains dans lesquels il entre certaines substances chimiques. Il y en existe quatre espèces principales qui constituent :

1.° Les Bains hydro-sulfureux ;
2.° Les Bains acidules ;
3.° Les Bains ferrugineux ;
4.° Les Bains salins.

Pour que les préparations qui servent à former les Bains

factices aient le plus haut degré de perfection, et inspirent une confiance entière aux personnes qui désirent en faire usage, l'administration des Bains les retire exclusivement du bel établissement d'eaux minérales factices, situé au Gros Caillou, à Paris, dirigé par des chimistes et pharmaciens du plus haut mérite : MM. Planche, Boulay, Boudet, Cadet de Gassicourt et Pelletier.

BAINS D'EAU DE MER. — Comme il est facile de se procurer cette eau minérale saline, elle est apportée de l'embouchure de la Gironde, conservée dans des réservoirs, pour être distribuée dans les baignoires.

Le prix de chaque Bain minéral est de.............. 5 fr.

Abonnement de cinq Bains......................... 20

BAINS MÉDICINAUX.

Plusieurs espèces de Bains médicinaux diffèrent des Bains minéraux dont les propriétés sont remarquables. Ces Bains sont les suivans :

1.° Bains gélatineux ;
2.° Bains salins gélatineux ;
3.° Bains gélatineux aromatiques ;
4.° Bains gélatineux du docteur Dupuytren ;
5.° Bains émolliens ;
6.° Bains aromatiques ;
7.° Divers autres Bains médicamenteux.

Le prix de chacun de ces Bains est de................ 5 fr.

Abonnement de cinq Bains......................... 20

DOUCHES.

Douche d'eau simple avec ou sans Bain............. 5 fr.
Abonnement de cinq............................... 20
Douche d'eau minérale............................ 6
Abonnement de quatre............................. 20
Douche ascendante................................ 5
Abonnement de cinq............................... 20
Douche d'ondée................................... 5
Abonnement de cinq............................... 20
Douche de vapeur................................. 5

On peut avoir recours dans ces établissemens aux diverses pratiques accessoires aux Bains, telles que les frictions, le massage, les épilatoires, la pédicurie, l'électrisation, etc.

On y trouvera tous les cosmétiques dont l'emploi s'associe à l'usage des Bains, et toutes les eaux minérales factices qui s'emploient pour bains ou pour boisson .

TARIF DES EAUX MINÉRALES.

POUR BAINS.

Bain sulfureux simple, 2 bouteilles, A & B........... 3ᶠ » •
Bain sulfureux gélatineux, du docteur Dupuytren.. 4 »
Bain de Barèges, 2 bouteilles, A & B................. 3 »
Bain de Bonnes....................................⎤
— de Cauterets.................................⎥
— d'Aix-la-Chapelle.........................⎥
— de St. Sauveur............................⎥
— de Bourbonne..............................⎬ ... 3 »
— de Balaruc................................⎥
— de Mont-d'Or..............................⎥
— de St. Nectaire...........................⎥
— de Plombières, la bouteille et le flacon.⎦
Bain gélatineux....................................... 3 50
Bain gélatineux aromatique........................... 4 »
Bain alcalin, la bouteille........................... 3 »

POUR BOISSON.

EAUX SULFUREUSES.

Aix......................	Savoie...................	⎫
Bade.....................	Bas-Rhin.................	⎥
Bagnères de Luchon...	Haute-Garonne.......	⎥
Bagnols..................	Lozère..............	⎥
Barèges..................	Hautes-Pyrénées.......	⎬ ... 1 50
Bonnes...................	Basses-Pyrénées........	⎥
Cauterets................	Hautes-Pyrénées.......	⎥
Cheltenham..............	Angleterre...............	⎥
Enghien..................	Seine et Oise...........	⎥
Loctshe ou Loèche.....	Suisse...................	⎭

EAUX ACIDULES.

Calsbad..................	Bohème..................	⎫
Châteldon...............	Puy-de-Dôme..........	⎥
Montbrisson.............	Loire...................	⎥
Mont-d'Or...............	Puy-de-Dôme..........	⎬ ... 1 50
Saint-Nectaire.........	Puy-de-Dôme..........	⎥
Neris....................	Allier...................	⎥
Pougues.................	Nièvre..................	⎥
Seltz....................	Bas-Rhin..............	⎭

EAUX FERRUGINEUSES.

Bussang................	Vosges................	
Cheltenham............	Angleterre............	
Coutrexeville..........	Vosges................	
Forges................	Seine-Inférieure......	
Forges................	Loire-Inférieure......	
Passy................	Seine................	1 50
Spa................	Pays-Bas............	
Tumbridge............	Angleterre............	
Vals................	Ardèche............	
Vichy................	Allier................	

EAUX SALINES.

Balaruc................	Hérault................	
Bourbonne-les-Bains...	Haute-Marne..........	
Cheltenham............	Angleterre............	
Jouhe................	Jura................	1 50
Lamothe............	Izère................	
Plombières............	Vosges................	
Pyrmont............	Westphalie............	
Sedlitz (8 gros)........	Bohème................	2 »
— (4 gros)........	Id................	1 50
— (2 gros)........	Id................	1 25
Seidchutz............	Id................	1 50
Sainte-Marie............	Hautes-Pyrénées......	

EAUX DES ENVIRONS DE NAPLES,

D'après le docteur Attumonelli.

Eau de Gurgittelly................	
— Pisciarelli................	2 50
— sulfureuse de Naples............	
Eau hydrosulfurée simple............	
— acidule simple............	
— alcaline gazeuse............	1 50
— alcaline végétale............	
De Seltz gommée................	2 »
Limonade gazeuse................	2 »
Eau magnésienne gazeuse, à 1 gros............	2 »
Eau magnésienne saturée , à 2 gros ¹/₂............	2 50
Petit lait gazeux................	2 »
Soda-Water................	1 50

Pour réunir à ces établissemens le complément des ressources qu'ils sont susceptibles d'offrir, comme il arrive que pour différentes affections il est des personnes qui ont besoin de faire un usage long-temps continué de bains médicinaux, on a réservé des chambres et des appartemens garnis, soit pour les étrangers, soit pour les habitans de la ville.

Dans chacun de ces établissemens il y a un café-restaurant, pour la commodité des personnes qui fréquentent les Bains.

S'adresser pour les renseignemens, comme pour les envois d'Eaux minérales, à M. BARREYRE AÎNÉ, *Directeur des Bains.*

Le prix de l'emballage est fixé à 10ᶜ par bouteille.

(On est prié d'affranchir les lettres.)

MINISTÈRE DE L'INTÉRIEUR.

SALUBRITÉ PUBLIQUE.

A MM. PLANCHE, BOULLAY, BOUDET, CADET ET PELLETIER.

PROPRIÉTAIRES DE L'ÉTABLISSEMENT

D'EAUX MINÉRALES ARTIFICIELLES,

Rue de l'Université, N.° 21, au Gros-Caillou.

MESSIEURS,

La Faculté de Médecine de Paris vient d'adresser au Ministre le rapport qui lui avait été demandé sur l'établissement que vous avez formé pour la préparation des Eaux minérales artificielles.

Je vous transmets avec plaisir une copie de ce rapport, qui présente sous le jour le plus favorable l'Établissement dont vous êtes propriétaires.

J'ai l'honneur d'être,

Messieurs,

Votre très-humble serviteur,

Le Conseiller d'état, chargé de l'administration générale des hospices et établissemens de bienfaisance.

Paris, ce 29 Juillet 1821.

Signé, BARON CAPELLE.

RAPPORT

DE MM. LES COMMISSAIRES

DE LA FACULTÉ DE MÉDECINE

SUR UN ÉTABLISSEMENT

D'EAUX MINÉRALES ARTIFICIELLES,

FORMÉ A PARIS,

Rue de l'Université, N.° 21, au Gros-Caillou,

PAR MM. PLANCHE, BOULLAY, BOUDET, CADET
ET PELLETIER.

———

MESSIEURS,

Depuis que la chimie a démontré la nature et la proportion des matières dissoutes dans les eaux minérales naturelles, l'art a fourni à la médecine non seulement les moyens de les imiter, mais même d'en produire de plus actives. Plusieurs établissemens remarquables en France et en Angleterre se sont occupés avec succès de cette branche d'industrie.

D'après l'invitation de S. Ex. le Ministre de l'Intérieur, adressée à la Faculté, en date du 6 février, le 14 du même mois, vous nous avez chargé de vous rendre compte d'un nou-vel établissement de ce genre, situé rue de l'Université, n.° 21, et qui a été créé par MM. PLANCHE, BOULLAY, BOUDET, CADET & PELLETIER, pharmaciens très-distingués de cette capitale. Nous avons mis dans cet examen tous les soins que réclamait une entreprise d'un intérêt général, exécutée par des hommes d'un mérite reconnu, et nous venons vous exprimer l'opinion que nous en avons prise.

Le voisinage de la Seine n'est pas un des moindres avantages de ce bel établissement, uniquement consacré à la confection des eaux minérales factices. Les eaux primitives sont tirées du milieu de la rivière par la pompe à feu, puis dirigées dans l'usine par un conduit en fer que les entrepreneurs ont fait établir à grands frais. Le service des machines est assuré par deux vastes réservoirs en bois, placés dans l'établissement. Dans l'un de ces réservoirs l'eau arrive de bas en haut, s'y dépure en traversant lentement une couche épaisse de sable fin et de charbon. A l'aide d'un flotteur et d'un syphon en zing, con-venablement disposés, elle parvient de la même manière, c'est-à-dire par ascension, dans le deuxième réservoir, où elle subit une dernière épuration. Tout métal pouvant être soupçonné d'action altérante ou délétère, a été éloigné; tels que les tuyaux en plomp et les robinets en cuivre. Ainsi les conduits de zing, armés de robinets de même métal, distribuent l'eau épurée dans toute l'étendue des laboratoires. L'un de ces robinets ali-mente une chaudière à vapeur, destinée à fournir d'immenses quantités d'eau distillée. C'est avec cette eau, amenée ainsi à un grand état de pureté, que les propriétaires de l'établisse-ment du Gros-Caillou préparent l'eau hydro-sulfurée et toutes les eaux sulfureuses. Cette méthode entraîne des dépenses con-sidérables; mais ils n'ont pas hésité à la suivre, après avoir reconnu qu'elle fournissait des produits plus purs, des eaux minérales plus transparentes et beaucoup plus susceptibles d'une parfaite conservation.

Jusqu'à ce jour on n'avait employé, pour la fabrication des eaux gazeuses carboniques, que l'acide dégagé par l'intermède du calorique de la craie desséchée, ou le plus souvent que le gaz obtenu par la voie humide, par l'intermède de l'acide sul-furique; les Directeurs du nouvel établissement, après avoir comparé le gaz acide carbonique qu'on obtient par ces deux méthodes, avec celui qui provient du marbre blanc pulvérisé, ont trouvé que ce dernier était seul exempt d'une saveur dé-sagréable, et que l'acide hydrochlorique (muriatique simple), substitué à celui que donne le soufre par sa combustion, est également plus avantageux dans cette opération. En effet, il forme un sel qui devient liquide à mesure que la combinaison s'opère avec la chaux ; et il est remarquable que cet acide hydrochlorique va chercher les moindres parcelles de marbre pulvérisé, et qu'il offre un moyen de dégagement soutenu et de facile exécution. Ce gaz obtenu est, au reste, lavé successivement dans une solution de potasse et dans l'eau, de manière à ce qu'aucune trace de l'acide ne puisse arriver jusqu'au vase où s'opèrent la combinaison et la solution avec l'eau. MM. PLANCHE, BOULLAY, BOUDET, CADET & PELLETIER, assurent qu'au moyen de la nouvelle machine qu'ils ont fait venir d'Angleterre, et qu'ils ont montrée avec détail à vos commissaires, le gaz est plus intimément uni avec l'eau qu'il n'a pu l'être par les appareils usités en France jusqu'à ce jour.

La machine qui sert à la fabrication de ces eaux minérales, tire ses avantages de l'application de la presse hydraulique. Elle est construite de manière que l'eau et le gaz arrivent ensemble dans le vase de condensation, après avoir éprouvé un contact forcé de molécule à molécule sous une pression très-considérable. C'est à çette réunion de moyens que l'on peut attribuer l'état plus intime de combinaison du gaz avec l'eau que par les autres procédés mis en usage jusqu'à ce jour. Aussi vos commissaires se sont-ils assurés que l'eau de Seltz factice, que l'on a tenue débouchée pour laisser dégager la portion de gaz qui n'était que comprimée, était cependant encore aussi acidule que l'eau naturelle transportée à Paris.

M. Wurzer ayant remarqué que les bouchons de liége dépouillaient quelquefois les eaux minérales ferrugineuses de tout le fer qu'elles contiennent, les chefs de l'établissement que nous avons examiné préviennent cet effet, en faisant préalablement tremper les bouchons dans de l'eau semblable, afin que le tanin ou la matière astringente du liége puisse se saturer complétement de fer.

MM. les Pharmaciens, directeurs de la fabrication, ont communiqué à vos commissaires des remarques intéressantes sur les eaux de Baréges artificielles pour bains. Ainsi, au lieu d'introduire dans ces eaux, comme on le fait dans la plupart des laboratoires, des sulfures de potasse et de chaux qui n'existent pas dans les eaux naturelles, ils ont cru devoir leur substituer le sulfure de soude que les analyses les plus exactes y ont indiqué. C'est également pour arriver au même but, de n'introduire dans les bains aucune substance étrangère à la composition des eaux naturelles, qu'ils ont eu soin de faire usage de l'acide hydrochlorique, au lieu de l'acide sulfurique pour augmenter le dégagement du gaz hydro-sulfurique (hydrogène sulfuré) qui forme un des élémens de ces bains ; et reproduire en même temps le muriate de soude, qui est partie constituante de l'eau naturelle.

. MM. les Propriétaires de l'établissement du Gros-Caillou ont en outre introduit dans plusieurs liquides le gaz acide carbonique avec un grand avantage, tels que le petit-lait gazeux ; la limonade gazeuse ; et ils ont présenté à vos Commissaires des détails circonstanciés sur la préparation de l'eau magnésienne, pour laquelle M. John Fuller a cru devoir prendre un brevet en Angleterre. Cette eau magnésienne est fort employée : elle est indiquée contre certains cas de développement d'aigreur dans l'estomac, dans la maladie dite le fer chaud (Pyrosis), et dans un très-grand nombre de cas d'empoisonnemens par les acides. Ce médicament a été perfectionné dans la composition qu'en font ces Messieurs (1) ; ils sont parvenus à faire dissoudre une demi-once de magnésie par pinte d'eau, ce qui fait au moins huit grains par once. Ainsi, avec une cuillerée de cette eau, légèrement sucrée, on pourrait donner à un enfant quatre grains de magnésie, quantité suffisante dans certains cas, comme médicament d'abord absorbant, et par suite comme légèrement purgatif.

Enfin, ces Messieurs ont mis sous les yeux des Commissaires de la Faculté toutes les formules qu'ils se proposent de suivre dans leur établissement pour la fabrication des eaux minérales artificielles, ou au moins de celles qui sont le plus généralement employées.

Vos Commissaires pensent que les formules présentées par MM. Planche, Boullay, Boudet, Cadet & Pelletier, doivent être adoptées, puisqu'elles sont l'expression des analyses les plus exactes des eaux minérales naturelles, faites récemment par les hommes les plus instruits. L'un de nous a reconnu, en effet, par l'analyse scrupuleuse à laquelle il a soumis ces produits dans son laboratoire, qu'ils contiennent exactement tous les élémens des substances qu'on y a découvertes dans les proportions indiquées. C'était ce qu'on pouvait demander de plus à l'art chimique. Quoiqu'un examen comparatif de chacune de ces formules avec celle qui lui correspond dans la pharmacopée française, ou dans le rapport de l'Institut sur le bel établissement de Tivoli, semble indiquer que ces formules, expression de leur analyse, diffèrent entre elles sous le rapport du nombre, de la nature et de la proportion des principes constituans de ces eaux factices, vos Commissaires croient devoir donner l'explication de cette dissidence apparente, en déclarant que ces Messieurs se sont absolument conformés aux

---

(1) L'eau magnésienne de M. John Fuller, que nous avons analysée, ne contenait que le sixième environ de la quantité de magnésie que nous sommes parvenus à dissoudre dans l'eau magnésienne que nous appelons saturée. (*Note des Sociétaires.*)

analyses les plus estimées. Il reste à désirer, dans l'état actuel de la science, que l'analyse des eaux minérales de la France soit complétée, qu'un mode uniforme de préparation soit convenu et adopté pour les pharmaciens et pour tous les établissemens où l'on prépare en grand les eaux minérales artificielles. Les médecins sauraient mieux alors apprécier et comparer l'effet de ces remèdes, dont la synthèse serait toujours la même, de quelque établissement qu'ils vinssent à émaner.

Vos Commissaires ont été complétement satisfaits de l'établissement des eaux minérales artificielles, sous le rapport de la précision et de l'exactitude des formules qui président à leur composition; ils proposent, en conséquence, à la Faculté de donner à MM. PLANCHE, BOULLAY, BOUDET, CADET DE GASSICOURT & PELLETIER, l'approbation la plus authentique, en reconnaissant l'exactitude et l'uniformité de leurs procédés, la perfection de leur produit, et l'utilité dont peut être leur entreprise.

Fait à la Faculté de médecine, le 1.er Juin 1821.

. *Signé,* J.-J. LEROUX, VAUQUELIN, DUMÉRIL, DUPUYTREN, FOUQUIER.

La Faculté, lecture faite du présent rapport, l'adopte dans tout son contenu, et arrête qu'expédition en sera adressée à S. Ex. le Ministre de l'intérieur.

Pour expédition conforme :

Signé, J.-J. LEROUX, *Doyen de la Faculté.*

Pour copie conforme :

Le Conseiller d'état, Sécrétaire général du Ministère de l'intérieur,

Signé, BARON CAPELLE.

ÉTABLISSEMENT

DES EAUX MINÉRALES ARTIFICIELLES,

DE PLANCHE, BOULLAY, BOUDET, CADET ET PELLETIER,

Pharmaciens, Membres titulaires de l'Académie royale de Médecine, etc.

Rue de l'Université, N.° 21, au Gros-Caillou.

PROSPECTUS.

L'utilité des Eaux minérales dans un grand nombre de maladies n'est plus un problème à résoudre. Si quelques médecins préfèrent encore plusieurs espèces d'eaux naturelles à celles que le chimiste est parvenu à imiter, la grande majorité des praticiens reconnaissent qu'il est beaucoup de cas où les eaux minérales artificielles sont d'un secours plus efficace, parce qu'on peut les administrer dans toutes saisons, parce qu'elles sont invariables dans leur composition, tandis que certaines sources naturelles changent de proportions à différentes époques de l'année ; enfin, parce que beaucoup de malades ne peuvent supporter la fatigue et les frais du voyage pour se rendre aux eaux minérales naturelles.

Plusieurs établissemens d'eaux minérales artificielles se sont élevés en France. Les médecins les ont encouragés, quoique la plupart soient dirigés par des personnes étrangères à l'art de guérir. Cet encouragement était cependant légitime ; il était dû à M. Paul, physicien de Genève, qui le premier construisit, à Paris, un appareil de compression pour la fabrication des eaux gazeuses.

Les succès obtenus par ces premières fabrications appelèrent l'attention des médecins et des chimistes sur l'analyse déjà faite des principales sources minérales naturelles. Ils reconnurent que plusieurs de ces analyses étaient inexactes et incomplètes.

Ils les rectifièrent, et en publièrent de nouvelles qui durent nécessairement faire changer le mode de fabrication des eaux minérales artificielles. Mais plus ces analyses se perfectionnèrent, plus l'imitation devint difficile. Il ne s'agit plus aujourd'hui de simples mélanges de solutions approximatives; il faut opérer souvent de doubles décompositions pour combiner des principes qui se refusent à l'action d'un seul agent; il faut employer des pressions plus ou moins fortes pour saturer l'eau de différens gaz; il faut enfin opérer chimiquement, méthodiquement, et avec le soin scrupuleux que l'on doit mettre à une synthèse régulière.

Puisque la préparation des eaux minérales n'est pas une opération purement mécanique; elle est essentiellement du domaine de la pharmacie, et l'intérêt public exige qu'on l'y fasse rentrer.

C'est cette idée qui nous décida à former l'établissement pour lequel nous nous sommes associés, persuadés que les médecins et nos confrères nous sauraient gré de leur offrir une fabrique de perfectionnement, où la composition des eaux minérales artificielles serait l'objet constant de nos études, et où nous suivrions attentivement toutes les améliorations apportées dans les analyses; car la chimie n'a pas encore rempli à cet égard tous les vœux de la médecine, mais elle est sur la voie et atteindra bientôt son but, pour peu que le gouvernement la seconde (1).

Nous avons pensé que, pour ne point nous distraire de l'attention soutenue que demande une fabrication aussi délicate et aussi compliquée, nous ne devions admettre rien d'étranger à la préparation des eaux minérales; nous avons donc renoncé à la spéculation avantageuse des bains offerts au public dans l'établissement même, et nous nous bornons à préparer les liqueurs dosées pour ces bains que les malades prendront dans leurs domiciles. Ainsi, notre fabrique n'est qu'un laboratoire de chimie, et un magasin où nous tenons à la disposition des médecins, des pharmaciens et des entrepreneurs de bains, toutes les eaux minérales connues et en usage, soit en France, soit dans l'Etranger. Déjà plusieurs propriétaires de bains publics, notamment le bel établissement de la rue du Mail, s'approvisionnent exclusivement à notre fabrique.

---

(1) Il nous manque encore plusieurs analyses exactes d'eaux minérales naturelles. Elles ne peuvent être bien faites que par des chimistes très-exercés. Le ministère en a senti toute l'importance, puisqu'il a classé ces analyses parmi les travaux qui seront demandés à l'Académie royale de médecine.

A BORDEAUX, CHEZ BROSSIER, RUE ROYALE.